U0016859

法蘭西

失落的國土

阿爾薩斯─洛林的流轉歷史，1870年至今日

Alsace-Lorraine

Histoire d'un « pays perdu » De 1870 à nos jours

方斯瓦・羅德 著
François Roth

何啟仁 譯

推薦序
從戰爭的受難到和解的寵兒

蘇宏達

臺灣大學政治系莫內講座教授、
臺灣大學社會科學院院長、歐洲科學與藝術學院院士

今年是《德法友好條約》（Traité de l'Elysée）60 週年。德法和解、歐洲整合，真是過去百餘年來國際關係史上最不可思議的奇蹟。

德法邊界不僅是強權的分野，更是歐洲歷史上兩大文明的交鋒處。德國人以日耳曼族為主、操日耳曼語，法國則是羅馬人、高盧人和北方法蘭克族的融合，屬拉丁文化。兩大民族自九世紀查理曼帝國瓦解後即衝突不斷，至民族國家建立後更屢屢爆發全面戰爭。拿破崙大軍一度大破俄奧普聯軍，攻入柏林；俾斯麥鐵騎則西征法蘭西，直抵凡爾賽宮；納粹德國更在短短六週內擊潰法軍，宰制法國全境四年。20 世紀中葉以前的兩百年，征討復仇，成了德法兩大民族人人琅琅上口的信條。

　　而傍臨邊界的法國洛林和阿爾薩斯兩省，就成了兩大民族長期爭奪的地盤。從德國的角度觀看，這兩個省，尤其是阿爾薩斯，無論是語言、文化、地名，根本是德意志文化的延伸，有好幾個世紀屬神聖羅馬帝國的一員；但在法國人眼中，這兩個省自 17 世紀中葉主權國家概念興起後即歸屬法蘭西，當然是法國不可分割的一部分。1871 年普法戰爭後，兩省劃歸德國，法國指為「割讓」，德國則稱「回歸」，正好凸顯兩國針鋒相對的史觀。

　　正因處於兩大強權和文明的交會處，法國洛林和阿爾薩斯兩省歷代住民遂親歷了幾百年來衝突的掙扎與近百年和解的可貴。在兩強反覆爭奪時，不僅財產遭難、生命不保，更飽嘗身分不定和認同遭疑的痛苦，甚至造成家人被迫分屬兩國的悲劇。相反地，當戰後歐洲人啟動整合、德法展開和解後，兩省遂一躍而成歐洲整合的重心與各民族和解的橋梁。阿爾薩斯首府史特拉斯堡更成為由 46 個國家共同組成之歐洲理事會（Council of Europe）、歐洲人權法院（European Court of Human Rights），以及 27 國共建歐洲聯盟之歐洲議會（European Parliament）的所在地，東界萊茵河上連接德法的橋梁取名「歐洲橋」（Pont de l'Europe），更註記著德法和解與歐洲整合的成就。而 1886 年出生德國籍，32 歲時因洛林省歸還法國才成為法國人的法國外交部長舒曼（Robert Schuman），更於 1950 年 5 月 9 日發表《舒曼宣言》，正式

啟動歐洲整合。

　　本書異於一般描述歐洲整合與德法和解的歷史書，除了宏觀敘述 1871 至 1945 年間兩省遭德法拉扯的不幸史實外，更從微觀角度仔細刻畫出一般人民面對反覆變局時的犧牲、因應、為難，甚至不幸，讓讀者好像親睹了這百餘萬生命的掙扎和堅毅。

　　作者方斯瓦・羅德（François Roth）是法國南錫大學（Université de Nancy）史學教授，專攻法國東部地方誌，於 2001 年獲法蘭西學院頒發洛林研究獎章（Prix Marcel Flach）。譯者何啟仁先生係國內知名的法文譯者，曾就讀法國社會科學高等研究院（École des Hautes Études en Sciences Sociales）博士班，譯有《戰火中國 1937-1952》等書。不論作者譯者都屬一時之選。加上聯經出版公司涂總編團隊戮力合作，本書才得以問世，並饗讀者。

　　德法兩大民族能由千年的爭鬥殺伐走向和解共榮，實值得所有亞洲人深思。

目次

前言

　　阿爾薩斯－洛林地區（Alsace-Lorraine）。在眾多法國城市中，阿爾薩斯－洛林地區的大街或馬路、史特拉斯堡（Strasbourg）[1] 的廣場和梅斯（Metz）[2] 的巷道，在在都提醒大家對這塊曾失落土地的記憶；而之所以失去，是在 1871 年由戰勝那一方德意志帝國一手主導造成的。一些匆匆經過的人都不太明白，為什麼這兩個行省[3] 要用一個連接號接在一起。大多數人都不太注意這塊領土的形狀或位置，其中有些人還認為這塊領地至今依然存在。偶爾，在某個對話中提到阿爾薩斯－洛林地區的同時，仍會浮現出一些意想之外的記憶。在我個人的經歷中就有過許多例子。二十多年前，我曾向一些中

1　譯注：史特拉斯堡為阿爾薩斯的主要城市。
2　譯注：梅斯為洛林的主要城市。
3　譯注：阿爾薩斯和洛林在法國大革命前的行政區劃中為行省（province），和現今的省（département）不同，後被劃為大區（Région），現被併入東部大區（le Grand Est）中，但許多法國人在地理上仍習慣使用舊行省名稱。

年人提及住在南錫（Nancy）[4]，我很訝異地聽到這樣的回答：
「啊！在阿爾薩斯－洛林地區嗎？」我一下子血氣上湧，馬上
解釋阿爾薩斯－洛林地區是曾在 1871 年連同梅斯和史特拉斯
堡成為德國領地的地區，而南錫則一直都是法國的城市[5]。

　　阿爾薩斯－洛林地區的說法，德文是 Elsass-Lothringen，
出現於 1870 年法德戰爭時，一塊被征服法國領土的軍事統治
區域稱呼，並於 1871 年 5 月 10 日《法蘭克福條約》（Traité de
Francfort）正式併吞。是德國人把這兩塊原本不同的土地連結
起來，並稱為「阿爾薩斯－洛林帝國直轄領地」（Reichsland
Elsass-Lothringen）。自 1871 年至 1918 年，阿爾薩斯－洛林領
地在地域和政治上即存在於德意志帝國中。而法國人則從未停
止譴責阿爾薩斯－洛林地區這種人為的地域設置，也漸漸在談
話中自然而然地用「失落的行省」（provinces perdues）來表
達被併吞的地方。在行政區劃已經改用省（département）時，
這種說法更令人錯愕。「行省」（province）是舊詞，是比法
國大革命前更早的舊制度所使用的，法國大革命後都改用省作
為行政劃分；然而，這種稱呼是對一些地方仍有情感使用的，
無關於行政區劃。使用「失落的行省」，是一種對那些不得已

4　譯注：南錫為舊洛林行省省會，現為莫爾特－摩澤省（Meurthe-et-
　　Moselle）省會。

5　譯注：南錫雖為舊洛林省的省會，但洛林在《法蘭克福條約》中只有一
　　部分被劃給德國，其中並未包括南錫。

成為被併吞，卻仍然認為自己是法國人的阿爾薩斯人和洛林人內心煎熬的分擔，也是對他們能盡快回歸法國的期望。

德意志帝國對阿爾薩斯－洛林領地的創設，帶出兩個彼此密切相關的問題：第一個要追溯到很久之前，與日耳曼地區和先是羅馬，後是法蘭西地區間的種種聯繫有關；第二個至今仍然存在，就是阿爾薩斯和洛林／摩澤（Moselle）之間相鄰的種種關係。

日耳曼地區主要是以很久之前使用的語言為基礎而形成，這倒是無庸置疑，還遠至中世紀早期：位於盧森堡到多農（Donon）⁶一線以東所有地域，也就是說包括阿爾薩斯大部分及一部分的摩澤在內，在第 5 及第 6 世紀都由日耳曼語族占據。直到近世（l'époque moderne）初期，這些地域都屬於德意志神聖羅馬帝國，到了 1543 年帝國分裂，其所屬使用法語城市梅斯在不久後就由法蘭西國王亨利二世取得。法蘭西王國對這些領土的歸併進展相當緩慢：梅斯、圖爾（Toul）和凡登（Verdun）三主教管區在 1555 年取得，但是直到將近一個世紀後的 1648 年，在《西發利亞條約》（Traités de Westphalie）簽訂下，這項占領才獲得國際承認。洛林公國（Les duchés de Lorraine）（及南錫）和巴爾公國（Duché de Bar）併入法國的時間則更晚，直到 1766 年才完成。除了一些例外，像是史特

6　譯注：位於阿爾薩斯西側弗日山脈最北邊的山嶺。

拉斯堡和米路斯（Mulhouse）等等，阿爾薩斯於 1659 年成為法國領土，而史特拉斯堡於 1683 年由路易十四併入，米路斯則在 1799 年督政府（Directoire）[7] 時期歸併納入法國。

等到拿破崙戰爭結束，1815 年各項條約中設定的法國東部邊界，至今仍未變。以省劃定行政區劃後的法國，在阿爾薩斯的兩個省分（上萊茵省〔Haut-Rhin〕和下萊茵省〔Bas-Rhin〕），以及洛林的四個省分（莫茲〔Meuse〕、莫爾特〔Meurthe〕、摩澤和弗日〔Vosges〕），與法國的其他省一樣，都由巴黎逕行管理。弗日、阿爾薩斯和洛林鄰近各省，彼此間自然維持著緊密關係，經常會有些阿爾薩斯人到洛林定居，有些洛林人也會到阿爾薩斯定居。然而在人們的印象中，相對於比較多元化的洛林人，阿爾薩斯有著一些獨特性，而居民的性格也和其他地方相當不同。

一些法國人並不認同 1815 年以來所劃定的邊界，仍緬懷曾有著更大疆域的法國，那個法國是以萊茵河作為「自然疆界」，即將萊茵河左岸劃入法國領土，如同在拿破崙帝國時期一樣。這塊萊茵河左岸地區曾劃歸於普魯士王國，以萊茵省稱之。普魯士當時是繼奧地利之後，加入德意志邦聯的第二個王國。對一個仍是分散的德意志而言，有些國族狂熱分子夢

7　譯注：法國大革命後，法國經歷君主立憲、共和等多次制度與憲法改變，督政府即其中一種統治體制，自 1795 年至 1799 年。

想要將所有使用德語的國家合併成一個民族國家。一些記者、作家、政論人士和歷史學者紛紛轉述這種觀念，在 1848 年的法蘭克福國民議會辯論亦有附和，也有說法認為歌德[8] 年輕時曾求學的史特拉斯堡，是「讓人憧憬的城市」，屬於德國，卻被路易十四竊占。原為詩文，後來成為德國國歌，即德文的 *Deutschland über alles* 或 *Deutschlandlied*，歌詞內容就提到未來民族國家德國的疆界，西到莫茲河[9]，東到尼曼河[10]。西邊疆界是 843 年《凡登條約》（Traité de Verdun）分配的，這樣一來，就可能將法蘭西王國自神聖羅馬帝國取得的疆界置於爭議之中。從 1866 年開始，拿破崙三世治下的法國和奧托·馮·俾斯麥（Otto von Bismarck）主政的普魯士之間就有糾纏不休的衝突，這個尚未清楚為人所知的背景不該被忽略。法國人始終盯著萊茵河，和在 1814 年至 1815 年間失去的萊茵省。對所有德意志人和普魯士而言，這塊土地與生活其間的居民都是德國的。在 1866 年薩多瓦戰役後，出現要將這些領土讓給

8　譯注：即約翰·沃夫岡·馮·歌德（Johann Wolfgang von Goethe），德國知名作家。

9　譯注：莫茲河發源於法國，流經德國、比利時、荷蘭，由荷蘭出海，河岸以東為西歐主要德語區。

10　譯注：尼曼河（Niemen）發源於白俄羅斯，流經俄羅斯和立陶宛，為德語區東部邊界。流經地區曾為普魯士占領，在普魯士境內河段被德國人稱為默默爾河，因而在德國國歌中提及時使用該名稱。

法國人作為「打賞」，以酬謝法國皇帝出面的倡議，德意志人完全不能接受 [11]。如果說在 1870 年前，沒有一個德意志政府提及併吞法國領土的要求，在一旦開戰取得勝利的情況下，這個可能性就不會被排除。

針對 1870 年 7 月發生的危機事件 [12]，導致普法戰爭及隨後法德戰爭 [13] 的發生，可以再看一下我寫作的《1870 年的戰爭》（*La Guerre de 70*）一書相關內容。可以回想一下兩項重

11　譯注：薩多瓦戰役又稱為柯尼格雷茲戰役（Bataille de Königgrätz），為普奧戰爭其中一場戰役。普奧戰爭時，法國皇帝拿破崙三世曾對俾斯麥提出要將萊茵河以西的土地割讓法國，作為法國不介入戰爭的酬勞。而後拿破崙三世調停普奧戰爭，再度提出要求，為俾斯麥所拒。

12　譯注：此事應指 1870 年西班牙國王缺位，與普魯士國王威廉一世同為霍亨索倫家族（Hohenzollern）成員的利奧波德親王（Le prince Léopold de Hohenzollern-Sigmaringen）成為候位人選，拿破崙三世唯恐西、德聯手，成為法國隱患，竟無禮要求普魯士國王保證不讓霍亨索倫家族成員擔任西班牙國王，威廉一世拒絕，但隨後得知利奧波德親王已公開放棄王位候選，並未直接通知法國大使，僅以急電通知俾斯麥，由俾斯麥決定通知法國大使或媒體。不料俾斯麥刻意修改電文內容，讓法國大使與普魯士國王間對話呈現粗暴羞辱意味，挑動德意志各邦和法國間強烈情緒，成為普法戰爭導因。該急電被稱為艾姆斯密電（Dépêche d'Ems）。整個事件由 7 月 1 日發展至 19 日法國向普魯士宣戰。

13　譯注：在普法戰爭前，普魯士已幾近完成德意志統一的工作，普法戰爭的發生，正給予俾斯麥最後一把推力，團結德意志各邦共同對抗法國。整個德意志除了奧地利外，均統一在普魯士之下，德意志帝國於是於 1871 年 1 月成立，而普法戰爭隨之也被稱為法國戰爭或德法戰爭，後文所稱的「普法戰爭」或「法德戰爭」均指同一場戰爭。

要的基本資料：從普法宣戰後，接著 8 月普魯士就在阿爾薩斯和洛林取得最初幾場勝利，德意志媒體開始大肆張揚併吞。這是沉浸在勝利中，同時對這些土地進行聲索追討嗎？還是應該把它視為一場熟稔的媒體配合操作？我們可以針對這些問題進行討論，但是不一定真能把兩者區分得那麼清楚，因為這是一種聯合作為，兩種解讀都不能排除。在到 1870 年 8 月的前十年間，威廉一世、毛奇元帥和俾斯麥等普魯士各領導人致力提升軍備，他們的意志十分明確：打敗法國，要求法國出讓土地。剛開始，俾斯麥要求要包括史特拉斯堡在內的阿爾薩斯，隨後又要包括所打下的梅斯要塞在內的一部分洛林土地。既然戰敗，法國也只能讓出阿爾薩斯和一部分的洛林。1871 年 5 月 10 日簽訂的《法蘭克福條約》讓這項占領取得國際承認，而大家都知道這項占領作為早為普魯士所圖。然而，這畢竟要靠政治和軍事上的勝利方能達成。俾斯麥認為這場共同的勝利，可以保證讓所有德意志人團結為一個民族國家。對德意志人而言，這是讓這些由於時代不幸而分離的土地重回德意志的懷抱；在法國人看來，這是對他們國家領土不公允的割讓，因為贏得勝利的德意志人從未問過這些土地上的居民意願，就強迫他們接受這項占領。在歐洲，難道我們可以不問居住人民意願就併吞土地？而在一或兩個世代後，有一項原則開始被論述，雖然尚未適用於國際間，但是相關精神已經有所回響和傳述：人民有權拒絕接受。1860 年拿破崙三世就已經有這種想

法：對於併入尼斯（Nice）和薩瓦（Savoie），就曾在兩處舉行過全民表決，使法國和薩丁尼亞王國間的割讓合約生效[14]。然而，1866 年在普魯士擊敗奧地利後，解散德意志邦聯，還併入漢諾瓦王國、黑森－拿索公國及法蘭克福自由市，卻都沒有問過人民的意見。1871 年，俾斯麥同樣這麼做，只給出一個讓之前被分離出德意志領土的土地再度「回歸」的說法。然而，他明白非常多的阿爾薩斯人和摩澤人對此舉充滿反感，因為他們自認為是法國人；無論如何，俾斯麥仍甘冒風險，一意孤行，期望著時間會讓爭議平息。

　　要了解阿爾薩斯－洛林地區的歷史和居住其中人們的經歷，就得先檢視德國如何處理獲得的土地，以及如何致力進行整合工作。在德國第二帝國時，威廉一世、俾斯麥，隨後是威廉二世，都設定這塊地區為附屬地位：俾斯麥將這片地區列為帝國領地（Reichsland），由邦聯共有。稱其為「領地」，就表示是次級的地位。阿爾薩斯－洛林地區是否可能獲得邦聯的尊重？這個問題從來未能得到確切的答案，原因就不必提了！在這樣的背景下，被併吞者的反應又如何呢？我們是否要注意

14　譯注：指法國和薩丁尼亞王國間簽署的《杜林條約》（Traité de Turin），以法國幫助薩丁尼亞推動統一義大利作為交換，薩丁尼亞王國將尼斯和薩瓦割讓法國。為了確保割讓工作順利，法國皇帝拿破崙三世於尼斯和薩瓦舉辦全民同意投票，當然其中仍使用一些「手段」，使在尼斯的同意票高達 99.3%，薩瓦也高達 99.8%，因此反對合併者仍堅持異議。

阿爾薩斯和洛林這兩個被併吞地區的異同？隨著時間過去，被併吞地區人們的反抗是否真像俾斯麥希望的漸漸變少？在這段時間中，實行哪些做法以推動德意志化，和將這些地區的人與德意志社會同化？有什麼做法被實施，這些做法的成果如何？本書盡力要回答的，正是這些主要問題。

最後，應該注意的是這個所謂阿爾薩斯－洛林問題的國際觀點。1871 年，歐洲大國都默許德國併入這些土地的既成事實，無論如何，它們都不會贊同法國為了報復而發動戰爭。在法國人的觀點中，阿爾薩斯－洛林地區是非自然形成的地域，是戰勝者無視人們的權利而強制造成的：強制把「失落的行省」從母土分離。許多法國人希望能加以報復，但如此將會引起動盪並有所限制。阿爾薩斯－洛林地區問題成為法、德間一旦要拉近距離時的根本障礙，在一個相當大的範圍內，壓在法國與其他歐洲國家的關係上。這個「癒合不良的傷口」，經過四十年後，是否又同樣成為一個引發戰爭的原因？答案應該是否定的：阿爾薩斯－洛林地區問題不是造成第一次世界大戰的近因。但這個問題卻造成兩個國家間持續存在的敵意，這也是一旦德國宣戰後，收復阿爾薩斯－洛林地區成為法國必須執行使命的原因，也是法國人參戰的重要動機。

正如阿爾薩斯－洛林地區這個稱呼已然沉寂於記憶和各個市鎮公共空間中，該地區早就是一塊消失很久的地域。連 1940 年至 1944 年占領這塊地區的納粹，都相當小心地防止這個問

題被重新提及。直到今天，許多摩澤人和阿爾薩斯人連阿爾薩斯－洛林地區這個名稱都不願意再提起。無論如何，阿爾薩斯、洛林這兩個名稱已深植在法國人的記憶中，並且偶爾不合時宜又錯誤地被使用。從1918年起，摩澤不再被稱為洛林[15]，大部分實際住在那裡的居民記憶中，這個舊日的名稱已經不復存在。

然而，阿爾薩斯－洛林地區有一段共同歷史，一段屬於威廉一世、俾斯麥和威廉二世統治下德意志第二帝國的歷史。這段歷史既籠罩於法、德互動之下，又有著在那時候被稱為阿爾薩斯－洛林問題的國際視角。這段歷史持續四十年，直到1918年11月，這些「失落的行省」回歸法國才算結束。在行政區劃、法律和文化上都留下影響，甚至連公共空間、城市規劃及心理上都留存印記，當「內地的法國人」發現在半個世紀的分離，帶給這些「失落的行省」的影響後，讓他們深感震驚。

最近，新聞在追索這段似乎已然結束的過去。在一份建議要減少大區[16]數量的地方化報告中，要處理阿爾薩斯和洛林合

15　譯注：德國併吞洛林時，將原摩澤省的五分之四併入洛林，摩澤省即不
　　復存在，直到一戰後才將併吞的洛林地域重新劃為摩澤省。

16　譯注：法國行政規劃中，第一級地方行政單位是大區（région），第二
　　級行政單位才是省（département）。

併的問題，這項建議隨即引發抗議。無論如何，這個做法只會讓曾經被德國統治的阿爾薩斯－洛林地區再次出現。原因是，如果有朝一日真的這麼做，這個新成立的大區將會把洛林的四個省併入阿爾薩斯，不僅僅是摩澤而已！

回顧阿爾薩斯－洛林地區的歷史，主要關切的有三個面向：第一是審視長期存在於公共空間和法國人想像中的這個稱呼；第二是追索德意志帝國為了將獲得土地融入其中所做的努力，以及對被併吞者在拒絕與接受併吞之間複雜行為的評估；第三也是最後，分析在法律、宗教、文化及傳承上遺留至今的影響程度和原因。

阿爾薩斯－洛林地區年表

1870 年

8 月 14 日：普魯士國王下令成立阿爾薩斯政府。

8 月 21 日：阿爾薩斯和洛林綜合政府成立，俾斯麥－博倫被任命為總督。

9 月 28 日：取得史特拉斯堡，總督和文職特派員庫爾韋特進入史特拉斯堡。

10 月 27 日：取得梅斯，漢科・馮・多內斯馬克（Henckel von Donnersmark）成為摩澤的行政長官。

1871 年

1 月 29 日：簽署期限為一個月的停火協議。

2 月 17 日：克萊宣讀《波爾多抗議書》。

2 月 26 日：於凡爾賽簽署初步和約。

5 月 10 日：簽署《法蘭克福條約》。

6 月 9 日：阿爾薩斯－洛林地區納入德意志帝國。

9 月 6 日：於史特拉斯堡任命穆勒為最高首長。

12 月 30 日：發布阿爾薩斯－洛林地區民政機構組織法規，其中包含「強制專章」。

1872 年

4 月 23 日：史特拉斯堡帝國大學成立。

10 月 1 日：國籍選擇時限到期。

1874 年

1 月 1 日：《帝國憲法》引進阿爾薩斯－洛林地區。

1 月 10 日：舉行首次帝國議會立法選舉，選出 15 位抗爭派代表。

2 月 17 日：薩維爾納代表杜奇在帝國議會宣讀《柏林抗議書》。

10 月 28 日：設立阿爾薩斯－洛林地區代表委員會。

1879 年

7 月 4 日：頒布阿爾薩斯－洛林地區基本法。

10 月 1 日：第一任總督曼德菲元帥抵達史特拉斯堡。

1882 年

由《科隆報》成立的《史特拉斯堡郵報》創刊。

1885 年

6 月 17 日：總督曼德菲元帥過世。

10 月 11 日：霍恩洛厄親王被任命為總督。

1887 年

2 月 21 日：15 位抗爭派代表被選出進入帝國議會。

4 月：發生史耐貝雷事件。

1888 年

5 月 22 日：往來阿爾薩斯－洛林地區和法國之間強制使用護照。

6 月：威廉二世即位為德國皇帝。

1891 年

除了現役及退役軍人外，廢止其餘人員護照使用。

7 月 21 日：德國神父芬岑奉命接掌史特拉斯堡大教堂主教教區。

1894 年

10 月 29 日：霍恩洛厄[1] 任帝國總理，他的堂弟霍恩洛厄－朗根堡被任命為總督。

1　譯注：即前述 1885 年 10 月被任命為阿爾薩斯－洛林地區總督的霍恩洛厄親王。

1895 年

1 月 16 日：阿爾薩斯人布拉赫被任命為副國務祕書。

1900 年

1 月 1 日：引進德國法律。

1901 年

德國本篤會教士威利保・本茲勒（Willibrord Benzler）被任命為梅斯教區主教。

1902 年

5 月 11 日：威廉二世廢除「強制專章」條文。

1907 年

10 月 7 日：威德伯爵（稍後成為親王）被任命為總督。

10 月 21 日：布拉赫被任命為負責阿爾薩斯－洛林地區部國務祕書。

1908 年

10 月 3 日至 4 日：努瓦瑟維爾紀念碑（le monument de Noisseville）落成。

1909 年

5 月 8 日：由威廉二世主持重建的國王城堡落成。

10 月 16 日至 18 日：威森堡紀念碑落成。

1911 年

5 月 25 日：帝國議會通過阿爾薩斯－洛林地區基本法。

10 月 22 日至 30 日：舉行首屆地方議會普選。

1913 年

1 月 22 日：解散「阿爾薩斯－洛林永誌不忘」協會。

11 月：發生「薩維爾納事件」。

1914 年

1 月 31 日：阿爾薩斯－洛林地區高層政府遭更換。

4 月 19 日：普魯士內政部長達韋茲被任命為總督。

7 月 31 日：發布總動員。

宣布戒嚴。

8 月 18 日：德國於莫漢日取勝。

8 月：法軍攻下阿爾薩斯西南隅。

1915 年

2 月 10 日：召開阿爾薩斯－洛林地區研討會議。

1916 年

2 月 23 日：德軍開始防衛對凡登地區進行攻擊。

1918 年

10 月 14 日：阿爾薩斯人史旺德被任命為總督。

11 月 10 日：史旺德辭職並離開史特拉斯堡，前往德國。

11 月革命：各個工人和士兵議會在一些主要城市中成立。

11 月 11 日：荷通德停戰協議簽署。改制為隸屬國家委員會的地方議會不受法國政府承認。

11 月 15 日：法蘭西共和國任命 3 位特派專員。

11 月 17 日：法軍進入米路斯；11 月 21 日進入梅斯；11 月 22 日進入史特拉斯堡。

1919 年

3 月：米勒宏擔任總特派員。

6 月 28 日：簽署《凡爾賽條約》。

11 月 16 日：舉行眾議院選舉。

1925 年

1 月 1 日：法國民法及商法生效。

1 月 15 日：《凡爾賽條約》所訂的海關過渡期結束。

7 月 24 日：總特派員公署撤銷。阿爾薩斯和洛林事務工作總署負責人瓦勒於巴黎就任。

1926 年

5 月 8 日：家園協會發布聲明。

1928 年

自治運動者於科瑪受審。

1935 年

1 月：薩爾舉行公民投票。

1940 年

6 月：德軍進入梅斯和史特拉斯堡。

6 月 20 日：巴登大區長官羅勃・瓦格納（Robert Wagner）受命負責阿爾薩斯民政政府。

1942 年

8 月 25 日：對阿爾薩斯和洛林人實施義務兵役。

1944 年

11 月 22 日：梅斯解放；11 月 23 日史特拉斯堡解放；11 月 25 日米路斯解放。

11 月 27 日：共和國地區專員布朗岱抵達史特拉斯堡。

1945 年

2 月：科瑪周邊解放。

1947 年

5 月至 6 月：自治運動分子安東尼及侯賽於南錫受審。

1953 年

1 月至 2 月：對「奧哈杜屠殺」進行審判。

2000 年

位於希爾梅克的阿爾薩斯－洛林紀念園區落成。

| 第一章 |

阿爾薩斯－洛林地區的出現，
是歷史的偶然？

在 1870 年法德戰爭之前，沒有人預想到阿爾薩斯和洛林會連結在一起，成為一塊地域。當然，有一些德意志愛國者會不時地追憶著，原本德意志領土曾經從莫茲河延伸至默默爾河，當時的洛林屬於神聖羅馬帝國，而史特拉斯堡在 1683 年被路易十四征服前也是一座德意志城市。要求取得這塊土地的呼聲先是由記者、政論家和作家煽動，接著普魯士當局於 1870 年 8 月戰爭勝利後，在 1871 年 5 月 10 日簽訂的《法蘭克福條約》中將之實現。阿爾薩斯－洛林地區的出現，是德意志軍隊的勝利和法國在軍事及政治上失利造成的。

在法德戰爭期間對兼併所做的準備工作

法德戰爭於 1870 年 7 月 19 日開打，第一場戰事發生在 8

月初的邊界上，法國失利。德國聯軍進入法國境內，向梅斯和史特拉斯堡包圍而去。阿希爾・巴贊（Achille Bazaine）元帥和法國主要的精銳部隊萊茵兵團（L'armée du Rhin），一起躲在梅斯要塞內。在包圍這些城市後，德意志聯軍指揮官赫爾穆特・馮・毛奇（Helmuth von Moltke）就徑直追擊剛在夏隆營地（Camp de Châlons）重新整編完成的法軍。法軍指揮官帕特里斯・麥克馬洪（Patrice de Mac-Mahon）揮軍北上，想和巴贊元帥會合，他認為巴贊元帥及所率部隊應該已經離開梅斯，但這著險招於 1870 年 9 月 1 日與 2 日在色當（Sedan）戰役中以慘敗告終：法軍戰敗被俘。同時被俘的法皇拿破崙三世，也被當成戰俘送往德國。

在 1870 年 8 月前十年間，以首相俾斯麥為首的普魯士領導人們，就以戰爭勝利為前提下，開始籌謀針對法國的兼併作為。為了對占據的法國土地進行軍事統治，普魯士國王即刻下達命令，設立阿爾薩斯和洛林軍政府，同時在阿格諾（Haguenau）與薩格米內（Sarreguemines）設立備用的文職政府，以便接手眼見即將歸降的史特拉斯堡和梅斯等城市。這只是一個臨時性的措施，德國媒體早在慶祝足以讓阿爾薩斯和「令人憧憬的城市」史特拉斯堡回歸德國母土的數場勝仗。

俾斯麥在緊接著幾場對普魯士外交人員的演講中宣布，德國政府開始考慮併入阿爾薩斯。一個讓法國意識到他企圖的機會很快到來，法國在色當失利（1870 年 9 月 2 日）和拿破崙

三世宣布投降德國後，巴黎居民推翻法蘭西帝國，並宣告建立共和[1]。新成立的臨時國防政府，將外交部長之責交給身為律師的朱爾·法夫（Jules Favre）。臨時國防政府表示要繼續作戰，並且「寸土不讓，一步不退」。法夫和當時跟著巴黎圍城德軍行動的首相俾斯麥取得聯繫，俾斯麥在銀行家羅斯柴爾德（Rothschild）位於費希耶爾（Ferrières）的城堡接見法夫，那裡也是普魯士威廉國王和軍事領導人的駐地。在談話中，俾斯麥提出割讓阿爾薩斯的要求，法夫直接拒絕，並返回巴黎，巴黎圍城開始。

1870 年 9 月 28 日，要地史特拉斯堡投降。俾斯麥任命親戚弗里德里希·馮·俾斯麥－博倫（Friedrich von Bismarck-Bohlen）伯爵為軍事總督，並由文職特派員弗里德里希·馮·庫爾韋特（Friedrich von Kühlwetter）從旁協助。一個月後的 1870 年 10 月 27 日，梅斯要塞投降，萊茵兵團遭德國俘虜。設立於史特拉斯堡的軍文當局接手梅斯和摩澤的管理工作。阿爾薩斯－洛林領地實質上已經成形。

1870 年 10 月底，被圍困在巴黎的法國國防政府再次和俾斯麥接觸，這次法方談判者是阿道夫·提耶（Adolphe Thiers），先前曾出訪歐洲各國求助，到訪倫敦、維也納、聖彼德堡和佛羅倫斯等地，卻毫無所獲地回到法國。在參與談判

1　譯注：即法國第三共和。

時，他相信對法國最明智和最好的安排就是結束戰爭。隨後三天，他在凡爾賽和俾斯麥見面，當時俾斯麥提出更多要求：在阿爾薩斯之外，還增加包括梅斯在內的洛林地區。提耶成為同意接受這些苛刻要求的贊成者之一，但卻無法說服國防政府，國防政府決定中斷會談。許多遭到巴贊元帥「背叛」而深感憤慨的法國人，後來在圖爾成為戰爭部長的里昂・甘必大（Léon Gambetta）[2] 激越鼓動下，持續戰鬥。

從 1870 年冬天至 1871 年期間，巴黎圍城仍然持續，除了比奇（Bitche）與貝爾弗（Belfort）外，德國減少阿爾薩斯和洛林所有重要據點部隊數量，轉而將軍隊深入推進洛林的各個地區，並占領奧爾良（Orléans）、圖爾、利曼（Le Mans）、盧昂（Rouen）。普魯士為了管理取得的地區，開始在阿爾薩斯－洛林軍政府內部籌組引進民政功能。在德國人的想法裡，兼併這塊土地已是無庸置疑，問題只在於併吞的範圍還可以有多大。

2　譯注：甘必大自始就主張和德國開戰，在巴黎圍城時，他乘坐熱氣球成功飛越德軍封鎖線，離開巴黎前往圖爾，成立持續戰爭的部門，並擔任戰爭部長。

凡爾賽和法蘭克福確定兼併

1871 年 1 月 27 日，巴黎投降。在與德國的會議中，法夫取得三週的停戰。第一個條件是選舉國民議會，讓新的法國政府取得合法性，而新的法國政府要承擔的棘手任務，就是參與後續和平條約談判。1871 年 2 月 8 日，各地舉行國民議會選舉，由於所有三十多個省分都已經被占據，所以沒有任何地方有競選活動，大量選民投票給和平的支持者，將近三十個省分都推選出提耶；甘必大在好幾個省分當選，他選擇成為下萊茵省的代表。

新的國民議會在波爾多（Bordeaux）召開，選出提耶擔任共和法國臨時行政執行官。1871 年 2 月 14 日，第一批由國民議會代表們提出的其中一項法令，就是抗議可能實施的兼併動作，還有主張人民有自我決定的權利。這篇由艾彌兒‧克萊（Émile Keller）[3] 宣讀的文字內容，以《波爾多抗議書》為名記載於歷史中。

第一步是和平預備談判。提耶及其所屬部長法夫在凡爾賽會見俾斯麥。俾斯麥仍維持 1870 年 11 月提出的所有要求：阿爾薩斯和一部分的洛林土地。提耶很清楚重啟戰事形同自殺，因此只能屈服。他隨後回到波爾多，預備談判內容在國民議

3　譯注：上萊茵省選出的代表，在戰時曾領導一支自衛隊，極力抗議德國併吞阿爾薩斯－洛林地區。

會上並沒有遭遇太多阻礙就獲得批准，只有一些較激進的左派代表和被全部或部分併吞的行省代表反對。這些人在 1871 年 3 月 1 日提出一份抗議書，這份抗議書用以下的這句話作結：「此時從我們共同大家庭分開的阿爾薩斯和洛林兄弟們，保持你們對法國如子弟般的熱愛，現在的法國已經無法提供庇護，將你們的熱愛堅持到法國重新振作回到應有地位之時。」

《波爾多抗議書》，1871 年 3 月 1 日由朱爾斯‧格羅斯讓（Jules Grosjean）[4] 宣讀

「在整個和平談判前，阿爾薩斯和洛林的代表們於國民議會所在之處，為這些行省以最正式方式提出一份聲明，明確表明這些行省仍然屬於法國的意願和權利。

不顧正義而以令人厭惡的武力，濫行將這些行省交付給外國統治，讓我們有了最後一個任務要完成。

我們再次宣布，一份未經我們同意而對我們進行擺布的條約是無效的。

這個要求永遠屬於所有每個人，我們的意識都將會一直在心中提醒著我們。

在離開這個我們一直困守之處的時刻，我們的尊嚴不允許我們繼續戀棧這個位子，而強忍著痛苦悲澀，在我們的

4　譯注：同為被併吞的上萊茵省所選出之代表。

內心深處，衷心感謝六個月來和我們一起奮戰的那些人，並且希望能讓我們留下，不要被迫從母土分離。

我們會持續著我們的希望，而且滿懷信心期待法國新生，重振天威。

此時從我們共同大家庭分開的阿爾薩斯和洛林兄弟們，保持你們對法國如子弟般的熱愛，現在的法國已經無法提供庇護，將你們的熱愛堅持到法國重新振作回到應有的地位之時。」

由於國民議會快速通過批准，德軍只在 3 月 1 日象徵性地進入巴黎，之後便迅速撤出，讓巴黎市民不會遭受被戰勝敵軍長期駐紮的羞辱。當時的人們對提耶的評價是正面的，但在一個世紀後，有些像是亨利・吉勒曼（Henri Guillemin）[5] 等評論者卻對他大加撻伐，認為他沒有奮力爭取，而且在梅斯失守後太快去職。我們應該要問：提耶有任何軍事或政治方法，對抗俾斯麥施加的壓力嗎？難道他不是已經被刀架在脖子上嗎？除了屈服戰勝者的要求，犧牲土地外，還有其他的選擇嗎？他在 1870 年前往爭取支持的外交之旅返回後，就明白其他國家已經放手任由法國獨自面對戰勝者，當時的情況擺明就是如

5　譯注：法國知名文學及歷史評論者，常在電台和電視上評論歷史人物，1992 年卒於瑞士。

此。我們如今已經忘記──尤其是那些貶抑提耶的人，當時法國在軍事上早就全然戰敗，而且在國際間也受到孤立。

在普魯士和德意志領導人回到柏林後，談判接著在布魯塞爾（Bruxelles）舉行，並於 1871 年 5 月 10 日在法蘭克福以簽訂和平條約作為結束。提耶沒有前去參與，而是把事情交給法夫和奧古斯汀・普葉－克提耶（Augustin Pouyer-Quertier）[6] 這兩位部長。《法蘭克福條約》中的土地條款，確定在預備會談中的內容：下萊茵省；上萊茵省；摩澤省的梅斯區、帝詠城（Thionville）區、薩格米內區；莫爾特省的薩蘭堡（Château-Salins）與薩爾堡（Sarrebourg）兩區；以及弗日省的薩勒（Saales）、希爾梅克（Schirmeck）兩區等等，都成為德國領土。新添加部分只有讓俾斯麥決定是否要用洛林的另外 18 個鄉鎮，替換原本要併入的上萊茵省貝爾弗區，該區要塞之前奮力抵抗的作為讓人銘記難忘。提耶認為，掌握貝爾弗要塞就能扼守索恩河（Saône）和隆河谷地，所以主張接受替換，不過這個選項仍交由要批准條約的國民議會評估。提耶為了替代貝爾弗方案的主張辯護，並成功通過。法國總共損失土地 144 萬 7,000 公頃，擁有人口 159 萬 7,000 的 1,694 座城鎮。在其他條款中，應該提到還有要償付 50 億法郎金幣的戰爭賠款。條約

6　譯注：全名為 Augustin Thomas Pouyer-Quertier，為當時提耶政府的財政部長。

1871年5月10日《法蘭克福條約》簽訂時的阿爾薩斯－洛林地區

比利時

盧森堡

普魯士

意

亞丁

德

巴伐利亞

隆維　　帝詠城

薩爾路易斯
薩爾布魯克

布里埃

凡登

梅斯　　薩格米內

志

馬恩

莫茲

洛林

下阿爾薩斯

木松橋市

薩爾堡　　薩維爾納

莫爾特－摩澤

巴爾公爵　　圖爾　南錫　　錫永

史特拉斯堡
希爾梅克
薩勒

多恩黑米　　聖－迪耶

弗日（省）

上馬恩

埃皮納爾

科瑪

巴登

上阿爾
薩斯

貝爾弗
（省）

米路斯

上索恩

貝爾弗

瑞士

杜省

在《法蘭克福條約》中用以
交換貝爾弗省的洛林市鎮

被德意志帝國併入的阿爾薩
斯－洛林地區

城市

省界

國界

1870年邊界線

1871-1918年邊界線

© Éditions Place Stanislas

還預先表示對法方領土的部分占領，直至賠款清償為止。

對法國人而言，這些土地兼併是國家的恥辱，傷害法國人的權利，由於《法蘭克福條約》中被割讓德國的人民，在事前並未被徵詢他們對自己將來的意見，讓他們無法自行決定歸屬。俾斯麥拒絕舉辦全民投票，因為他很容易就能猜到結果一定不好。一部分土地在戰爭賠款清償前仍被占據的法國政府，放低姿態並執行《法蘭克福條約》。歐洲強權們記錄並承認這份條約，就等於是賦予既成事實一個法理基礎。

對德國來說，這些土地的割讓是呼應地緣戰略和軍事需要（確保邊界安全，以防範法國入侵），而歷史學與民族誌的論證都可以提供合理化原因。阿爾薩斯－洛林地區淪於異國之手，就被置於外國的政治統治之下，現在這個地區人民「真正徹底」成為德國人；在那個時代，德文中有「德意志共同體」（deutsche Stammesgemeinschaft）的說法，他們被認為就是「德意志群體」的一分子。因為戰爭勝利，才有幸能回到以帝國為國家形式，並於德文所說的「民族共同體」（Volksgemeinschaft）之中。這種歷史和民族的說法並不能解決邊界問題，因為邊界延伸的地區涵蓋法語地區與說法語人口，以語言所做的劃分並不相符，其中梅斯城就是如此。俾斯麥卻認為語言和國家認同可以分開，他讓時間來「打破徒然的法蘭西表象」，並使這些地區居民「找回他們真正的德意志本質」。為了能更順利將這些併入地區融入帝國，他想利用阿爾

薩斯的特殊地方本位觀念：「阿爾薩斯人仍保有相當程度的德意志風範，這就建立一個基礎，在我看來，我們可以在這個基礎上做出一些重要連結：首先，就是要強化這個特殊的地方本位觀念……，這是我們目前要做的工作。阿爾薩斯居民將來越認為自己是阿爾薩斯人，將越會排拒對法蘭西的歸屬感（Franzosentum）。如果他們現在主要且全心認為自己是阿爾薩斯人，將來就能自然接受德國人的身分。1871 年 5 月 25 日。」在一份由里歐尼‧梅茲勒（Lionel Metzler）找到的一份手寫眉批中發現，十八年後俾斯麥並未改變想法，因為他寫著：「就是應該分離，（和德國的）連結會自行成長。」在他的觀念裡，不論是講法語或講德語的人，最後都會融入新的德意志祖國中。然而，法國新教教徒曾遭法王路易十四追殺，其中有許多都是梅斯人，隨著時間過去，他們不是也沒有成為最優秀的德國人嗎？

「帝國領地」，因勢而造的產物

　　1871 年 5 月間，俾斯麥找到有用的臨時性法理基礎，具有創造性頭腦讓他得以重拾「帝國領地」（Reichsland）這個詞彙，這是可以彰顯日耳曼權利的舊詞彙，意思就是屬於帝國的土地。這個詞彙有三個好處：第一是具有舊日帝國的日耳曼和帝國意義，這樣就可以抹除兩個世紀以來法國的存

在[7]；第二是可以在制度上把獲得的土地安排到新帝國裡；最後的第三個好處則是，這種設置可以在形勢要求下賦予足夠彈性，以便進行各種修正調整。俾斯麥拒絕讓這個地區另成一國：「我不想讓阿爾薩斯－洛林地區自成一國，帝國領地的概念並非就是自治。1871 年 6 月 9 日。」

我們先來看一下「帝國」（Reich）和「土地」（Land）這兩個字。俾斯麥將這兩個字併用，是強調新獲得的帝國領地之屬性，以及在法理層級上比剛成立的德意志帝國中各邦國（Staaten）的地位來得低。這塊土地從此以後為各邦國所共有，而以「帝國領地」的形式可避免被各邦國瓜分，且一定會造成分配不均的情形，主要是增進德國皇帝對這塊新領土的統治權威和權力。最後還可以給予普魯士對這塊戰利品的實際控制權。這個形式更不會是僵滯不變的，而會因應情況不同而有彈性，像是法、德之間關係變化就是考量。在這一點，俾斯麥曾經也一直是非常務實的。1871 年 6 月 9 日通過立法，確立阿爾薩斯和洛林併入德意志帝國的形態。

普魯士領導人在歸併問題上主要參考過往的三次經驗：第一次是較早之前的 18 世紀末，曾併入波蘭的數個省[8]；

7　譯注：此處可能指的是神聖羅馬帝國後期，因為主體大多為日耳曼人居住區，所以稱為日耳曼民族神聖羅馬帝國。此時法國東部也在帝國版圖中。所以稱為帝國領地，是要以舊日帝國版圖稀釋後來法國持有的情況。

8　譯注：應指普魯士曾於 18 世紀末與俄國聯手瓜分波蘭之事。

第二次是在 1814 年至 1815 年間併入萊茵的幾個省和薩爾省
（Sarre）；最後第三次的時間較近，是 1866 年的許多德意
志公國歸併，其中地域最廣、人口數最多的是前漢諾威王國
（Royaume de Hanovre）。阿爾薩斯－洛林地區和前面提到的
幾個地區之間，有著相當大的不同。首先，這不是普魯士公國
的歸併，而是兼併到新的德意志帝國；再者，併入的土地被
認為屬於法國已有相當時日：洛林的梅斯有三個世紀之久、
阿爾薩斯有兩個世紀（自 1659 年《庇里牛斯條約》〔Traité
des Pyrénées〕之後），而史特拉斯堡是從 1683 年、米路斯則
從 1799 年後被認為是法國的領土。普魯士領導人知道，過快
和過於魯莽地推動同化會有風險，要讓他們隨著時間馴化成為
德國人，如同普魯士人、巴伐利亞人、巴登人、薩克遜人等其
他帝國疆域內的居民一樣，就不該太過干擾他們的生活。這也
是德意志帝國要在行政和司法上，為這塊新歸屬地區保留原
本法國法律體系的原因，即便這套體系與德國不相容。普魯
士在 1815 年後不是沒有在萊茵省保留《拿破崙法典》（Code
Napoléon）的施行[9]？並且針對天主教、福音教派、喀爾文教

9　譯注：拿破崙於 1804 年稱帝後即推行的《法國民法典》，當時只要是
　　法蘭西帝國屬地或附庸國都施行該法典，而 1815 年在第一帝國崩解
　　後，普魯士將原法國附庸的下萊茵大公國和貝格公國納入囊中，並於
　　1822 年將其土地合併成為萊茵省。這裡表明，1815 年前萊茵省地區施
　　行的《拿破崙法典》於 1815 年後廢除，由此對照德國對阿爾薩斯－洛
　　林地區的特別對待。

派及猶太教這四個被承認的宗教仍維持管理，梅斯的都彭・戴羅日（Dupont des Loges）和史特拉斯堡的海耶斯（Raess）這兩位天主教主教也依然留在教區。德國只要求教宗依照《法蘭克福條約》，修訂這兩個教區的地域範圍，教宗在 1875 年完成。

1871 年 7 月，需要中間人進行對話的德國當局，依照法國原先於 1855 年制定的法律規定辦理市議會選舉。這項法律規定，由選出議會推薦的市長應由皇帝確認。威廉一世和俾斯麥直接接受由史特拉斯堡議會推舉的耶尼斯特・勞德（Ernest Lauth）和梅斯議會推舉的保羅・貝桑松（Paul Bezanson）。

1871 年 12 月 30 日，帝國議會（Reichstag）投票通過一項法律，結束軍事統治，並建立一個文人政體。帝國領地阿爾薩斯－洛林地區被劃分為三區：下阿爾薩斯（Basse-Alsace，首府設於史特拉斯堡）、上阿爾薩斯（Haute-Alsace，首府設於科瑪〔Colmar〕），以及洛林（首府設於梅斯）；該法保留原各省和議會，內容中也有一節是以法國法律為基礎的「強制專章」，提供統治當局「在出現危及公共安全情況時」，使用一切所需手段弭平一切反對既成事實的行為，也就是有權逮捕、關押、驅逐，禁止報刊、社團與在公用道路上示威等。

德語成為帝國領地的官方語言，而基於一些實用性理由，特別是在洛林，仍然保留法語使用。一項語言普查被執行，以確定所有地方都將德語作為專門語言。這項調查主要以母語為

準，在這項調查結果的基礎上，1872 年頒布語言法令，規定語言使用範圍和規定。在主要使用法語地區，官方法令一定要有翻譯，而且在學校開始以法文學習和閱讀。在公共或私人場合，法語的使用一直容許到 1914 年 8 月。同樣在阿爾薩斯和洛林，德國政府推動鼓勵創辦德語報刊；許多私人發行報紙在財務上受到公部門支持。相對地，主要是在洛林地區發行的法語報刊，在不會冒犯「反對既成事實」規定下自由發行。在這種設定下，執政者顯然先預做準備和掌握可以禁止發行的法律手段。

1872 年的語言規章並非完全不能變動，執政者隨著居民使用語言的狀況演變，保留擴大德語區範圍的彈性，對於有利改善德語情境的遷入者和德國人士的安置都予以尊重。人口遷移（法語人口的遷出和德語人口的遷入）讓規定的調整更容易，這種情形也使得梅斯和帝詠城在 1884 年就達成德意志化。

《法蘭克福條約》的實施

阿爾薩斯－洛林地區人民的選擇

對許多不願意成為德國人的阿爾薩斯和洛林人而言，《法蘭克福條約》承認他們有權選擇，也就是說他們可以選擇法國國籍，但前提是這項權利必須在 1872 年 10 月 1 日前行使。阿

弗瑞德・瓦爾（Alfred Wahl）[10] 確定在上阿爾薩斯和洛林具有
選擇權者，比下阿爾薩斯區來得多，在城市也比在鄉村多，並
且在法語區的比在德語區的還多。有些家庭甚至因而分裂，可
以舉在米路斯的德雷福斯（Dreyfus）一家為例：兄弟其中一
人住在巴爾（Bâle）[11]，另一位後來成為上尉軍官的阿弗列德・
德雷福斯（Alfred Dreyfus）則定居巴黎，通過巴黎綜合理工學
院的考試後，進入法國陸軍 [12]；同樣的例子還有部分家人住在
巴黎的斯倫貝謝（Schlumberger）一家。在猶太社區內離開遷
出的人很多，梅斯和科瑪的猶太大長老選擇前往法國，史特拉
斯堡的猶太長老則選擇留下；上萊茵區的大長老以薩克・雷威
（Issac Lévy），在離別宣言中就透露想前往法國的意願，更
成為「事態發展的推手」；米榭・德布雷（Michel Debré）[13]
的祖父，同時也是讓－路易・德布雷（Jean-Louis Debré）[14] 曾
祖父的長老西蒙・德布雷（Simon Debré），原先在色當執行

10　譯注：法國當代歷史學家。
11　譯注：巴爾位於瑞士，由於英文與德文拼寫均為 Basel，所以常見的譯
　　名為「巴塞爾」。而此處從法文發音，音譯為「巴爾」。
12　譯注：這裡提及的阿弗列德，因為家庭背景和猶太人身分，後來遭誣陷
　　將情報透露給德意志帝國。法國著名作家艾米爾・左拉（Émile Zola）
　　為他寫了一封公開信「我控訴」申冤，繼而掀起法國社會改革浪潮。
13　譯注：於 1959 年至 1962 年擔任法國第五共和的第一任總理。
14　譯注：曾任法國內政部長、國民議會主席及憲政委員會主席。

職務，之後前往納伊（Neuilly）[15] 繼續任職。在梅斯人中，我們知道的是出版人菲利克斯・阿爾康（Félix Alcan），他也赴巴黎繼續經營事業，並成為法國幾間大學出版社的創辦人。

　　前往法國的遷出潮，接著更因為不願意在德國軍隊服役年輕人的加入而擴大，法國精英的離去削弱在政治和文化上對兼併的抗爭力量，在某方面則讓德意志化的工作更容易推動。在有人離去的同時，德國人也遷入定居，有公務人員、商人及勞工。這些新居民的住處主要是在城市，併入德國十五年過後，遷入梅斯的德國人數竟比原先的老洛林人還多！最重要的是，兩個有著各自的商人、社交圈、社團，既同時存在卻又互不相屬的社會出現了，而這兩個社會拒絕彼此融合！

經濟和海關條款

　　戰後，經濟活動一度快速復甦，隨後在 1873 年至 1880 年間受到德、法同時出現的保護主義，引發嚴重衰退打擊又再度趨緩。在阿爾薩斯和洛林，許多企業將產業脫手賣出，並轉往法國經營。印刷出版商貝吉－勒福厚（Berger-Levrault）就是一例，離開史特拉斯堡，轉而前往南錫。其他留在當地的企業為了留住法國市場，在邊界的另一側設立工廠。許多阿爾薩斯

15　譯注：全名為 Neuilly-sur-Seine，意為塞納河畔的納伊，位於巴黎的西北側。

的紡織業都這麼做，在弗日開設一些據點。在這些遊走兩邊的企業裡，可舉溫德企業（l'entreprise de Wendel）[16] 為例，該企業不願意把在阿揚日（Hayange）和穆瓦約夫（Moyeuvre）的產業賣給德國公司，於 1881 年明智地在法國莫爾特－摩澤省的日夫（Jœuf）建立工廠，在法國市場取得製造鋼鐵的特許。薩格米內的陶器業者則在迪關（Digoin）和維特里勒弗朗索瓦（Vitry-le-François）成立子公司。在兼併後十年間，到阿爾薩斯和洛林設立據點的德國公司很少。

　　成為公營企業的阿爾薩斯－洛林地區鐵路公司發起一項大規模計畫，在帶著軍事和經濟的目的下，不但要擴大次級路網，還要改善與德國間的聯繫路線。1876 年開通的梅斯－史特拉斯堡直通路線，在薩爾堡附近的雷丹（Reding）和巴黎到史特拉斯堡鐵路線相接。在經濟和軍事考量下，通往萊茵地區的聯絡道路受到相當大程度的改善，但是帝國首都柏林仍在千里之外，去一趟就要花費十幾個小時。

最高首長制度（1871 年至 1879 年）

最高首長及其統治政府

　　在經過思考後，俾斯麥在 1871 年決定設立由普魯士主導

16　譯注：溫德原是一個極具影響力的鋼鐵企業家族，從 17 世紀開始就建立產業，後來於 21 世紀轉型成立由家族控股的投資集團。

的最高首長。他在史特拉斯堡任命艾德華‧馮‧穆勒（Eduard von Moeller）擔任最高首長。穆勒是很有經驗的文職官員，曾於 1866 年後負責完成黑森－拿索省（Hesse-Nassau）併入普魯士的工作 [17]。由於軍事事務之權屬於皇帝幕僚、普魯士戰爭部長及參謀本部，穆勒只在文職民政工作上發揮所長。穆勒要向位於柏林的阿爾薩斯－洛林工作組回報情況，該工作組由俾斯麥責成卡爾‧赫佐格（Karl Herzog）負責，而赫佐格則從屬於帝國首相辦公室。在首相辦公室解散後，赫佐格被任命為直屬首相的國務祕書。總之，穆勒無法在沒有赫佐格的同意下做出任何決定，以致兩人的關係有好幾次都處於非常緊張的狀態。

　　穆勒的工作是在阿爾薩斯－洛林地區執行德國的統治管理，以及為實施《法蘭克福條約》發生的各種問題尋求解決方法。為了讓轉換過渡工作順利，俾斯麥保留法國的法律規定：行政區劃、被承認的各教派制度、小學的宗教特色等等。所有被保留的事務只會被緩慢和部分地調整，最重要的是《拿破崙法典》，一直被使用到《德國民法典》頒布的 1900 年 1 月 1 日。

　　有關統治權力的法律很快就被引進，其中最重要的一個就是關於服兵役的法律，這項法律於 1874 年實施。另外，值得一提的是和公民資格有關的法律，就是要選出 15 位帝國議會

17　譯注：1866 年普奧戰爭後，普魯士兼併一些獨立邦國、自由市及一些公國領土，組成黑森－拿索省。

代表（阿爾薩斯 11 位、洛林 4 位）的選舉法、1876 年引進德國貨幣馬克，以及開設數家帝國銀行。

　　穆勒也要執行帝國法律，尤其是關於文化鬥爭（Kulturkampf）的法令，身為自由派新教徒的他對這些法令也深表贊同。這裡必須說明一下，這起以文化鬥爭為名，在德國歷史中幾乎被人遺忘的事件。它發生在 1870 年代，由俾斯麥發起以一連串法令安排（五月法）[18]，控制天主教的神職人員，並且限制教會的社會和文化影響。即便有些相近，也不要把文化鬥爭與法國推動的非宗教化政策（laïcisation）[19] 相比。在天主教徒看來，文化鬥爭就是一場迫害行動。在阿爾薩斯－洛林地區，文化鬥爭的後果就是耶穌會士被驅逐（位於梅斯，由耶穌會士開辦的聖克里蒙初中被關閉）、外國教會被驅趕、天主教報刊遭到脅迫，以及國家介入小型修院教學（像是濟利斯汗〔Zillisheim〕小修院、史特拉斯堡教區修院都被關閉數年）。在涉及「主教」職務的條文中，只要是有干擾公共秩序

18　譯注：俾斯麥為了箝制羅馬天主教在德國的影響，連續在 1873 年、1874 年、1875 年的 5 月頒布數項法令，包括對教士教育程度及必須通過特定考試的要求，還有對不遵從德國法令教士的驅逐等，因為這些法令都在 5 月頒布，因此通稱為「五月法」。

19　譯注：亦稱為世俗化，或是簡單稱為政教分離，意指現代社會中，原受宗教支配影響的政治、教育、婚姻等事務應脫離宗教，以公共事務之名歸由俗世人民管理。

的嫌疑，具有主教身分的教士也會被控告，並送交司法審判。
這就像是一把懸在頭上的利劍，目的是用來進行威懾，我們還
能舉出許多實際執行的例子。

被兼併者的反應：抗爭

　　1874 年 1 月 1 日，《帝國憲法》引進阿爾薩斯－洛林地
區。從那以後，被兼併區人民就被鼓勵參與政治選舉，也就是
德國議會選舉；他們選出 15 位代表，所有代表都是抗議兼併
者，而且沒有一個人以往曾擔任法國議會代表。這些獲選者
出發前往柏林，再次繼續波爾多抗爭活動[20]。在極少數會說德
語的薩維爾納（Saverne）代表中，由艾德華・杜奇（Édouard
Teutsch）帶著同胞的抗議上講台。對於這起抗爭行動，應該
先補充說明一事：史特拉斯堡的海耶斯主教要求公開講話，並
且做出宣告，表示他接受既成事實。他的立場在部分阿爾薩斯
人和神職人員中被視為恥辱，造成他在主教職位長期任事的最
後尊崇受損。這件事顯示，仍有部分阿爾薩斯人接受新的安
排，即便在天主教徒之間也一樣。這些議會代表一旦完成他們
要做的動作，還會留在柏林嗎？在出席的同時，他們還要在其
他的弱勢群體中尋求支持，像是波蘭、丹麥代表，以及不同意
普魯士併入漢諾威王國的韋爾夫（Welfes）家族。在不會說德

20　譯注：就是前述所提以獲選民意代表身分公開宣讀《波爾多抗議書》。

語的代表中，洛林選出的 4 位代表確信在柏林不再有什麼事可以做，因此決定離開帝國議會，並且堅決不再回來。相反地，許多德語流利的阿爾薩斯教會代表，認為他們反對文化鬥爭的聲音能被聽到，而決定留在柏林，並參與有關阿爾薩斯－洛林地區的辯論。抗議意見的嘶喊和不同意，很難在這段期間持續。另外，曝光率最高的抗爭者都流亡到法國，杜奇就是其中一例，法國政府還任命他擔任國庫支付總監，作為對他忠誠的告慰。這些棄職而去的人削弱抗爭力量，更讓那些有意願調整適應和接受既成事實者更加鞏固，尤其是在阿爾薩斯產業的中產階級裡。

《柏林抗議書》，1874 年 2 月 16 日

1. 杜奇一行代表提案

「請求議會就阿爾薩斯－洛林地區未經地區人民同意即以《法蘭克福條約》併入德意志帝國，而應以特案對兼併乙事再議做出決定。柏林，1874 年 2 月 16 日。」

一位代表取得發言後，其他 14 位代表依次在抗議文件上簽名，順序為杜奇、海耶斯博士[21]、都彭主教、勞德[22]

21　譯注：即海耶斯主教，雖然接受德國統治的既成事實，但也支持提出抗議。

22　譯注：即之前經史特拉斯堡議會推舉的市長。

及海依伏力（Haeffelly）、阿貝（Abel）博士、菲利比（Philippi）、日耳門（Germain）、溫特雷（Winterer）、哈特門（Hartmann）、西蒙尼（Simonis）、索亨林（Soehnlin）、戈貝（Guerber）、蒲轟（Pougnet）、紹恩堡（Schauenburg）男爵。

2. 杜奇發言節錄

「……你們最近的一場戰爭，在貴國取勝的情況下結束，無疑給予貴國要求戰爭賠償的權利。然而，德國卻超出文明國家應守的權限，強制法國交出 150 萬名子弟作為犧牲。以被《法蘭克福條約》出賣的阿爾薩斯及格林人之名，我們抗議濫用武力，以置我們國家於被害之境……。

德國以戰爭為手段，將我們併入其帝國領土。然而，我們已經說過，這種野蠻時期所用的方式，在我們這個文明時代毫無用處……。

今日你們如此強大，因此你們在應允我們的要求後，也完全不會損及自尊，請應允我們能自行決定前途的請求。」

杜奇

對阿爾薩斯－洛林地區兼併之發言紀錄

南錫，貝吉－勒福厚出版社（Berger-Levrault & Cie），

1893 年

　　為了能找到當地的居中協調人士，穆勒決定改組三個區議會。由於需要宣誓，遭到許多被選出的代表拒絕，使得這項改組行動受到阻礙，更引發一陣辭職潮和部分地區補選。最後，各省議會仍依法組成，並在行使能力受限的情況下，接受與德國派任的公務人員共同治理。在地方上，穆勒於 1874 年設置小型議會阿爾薩斯－洛林地區代表委員會（Landesausschuss），由三個區議會選出代表、大型城市選出的市政代表，以及一位行政區代表所組成。這個提供意見的代表委員會在米路斯實業家讓・斯倫貝謝（Jean Schlumberger）擔任主席之下運作近二十五年。在阿爾薩斯－洛林地區這塊狹長地帶，各個商業社團和農業組織的領導人曾聚集，在 1870 年代著手規劃人們口中的自治運動。自治運動的領袖是曾為共和記者的奧古斯德・許尼根（Auguste Schneegans），他曾追隨甘必大的腳步，在 1871 年 2 月被選為抗爭派代表。回到史特拉斯堡後，他不僅和穆勒接觸，更曾多次在柏林受到俾斯麥祕密接見。也因為他的性格爭議性太大，天主教徒特別不欣賞他，所以無法號召別人跟隨。在初期取得少許成就後──有三位成員在 1878 年獲選為代表，自治運動即無以為繼。許尼根離開阿爾薩斯，像是安慰般給他一個德國領事職務，前往熱那亞（Gênes）！而自治的想法則以另外的形式緩緩推進。

　　和貴族的合作則有一定的限制，德國統治當局無法容忍由一個難搞的抗爭派人士獲選為大城市首要領導。一項由帝國議

會表決通過的法律規定，如果地方議會（Landtag）推薦的市長人選被上級執政者拒絕，就允許由一位臨時專員負責施政。拜這項法令之賜，德國當局才能安排德國官員擔任史特拉斯堡、科瑪及梅斯的市長。1877 年，史特拉斯堡市長勞德被地區首長奧托・拜克（Otto Back）取代，後者也於 1886 年成功在選舉中獲選為市長，行使市長職務到 1906 年。和史特拉斯堡市長被更換的同一天，梅斯市長也不能再繼續職務，改由一名德國官員接替。

德意志化措施

　　我們要如何說明將奪得領土進行德意志化這個策略的意義呢？首先，「奪取」這個字是法國人說的，依德國人的說法則是「回歸」，因為在他們的歷史裡，這塊土地有很長一段時間屬於德意志帝國，這段時間比法國擁有這塊土地的時間更久；再者，有四分之三居民使用的母語（Muttersprache）是各種日耳曼方言；對住在鄉村和小城市的居民而言，用俾斯麥的話來說——「法國皮相」，只是表象而已，只要刮開，「原有的德國本體」就會出現。要經過一或兩個世代，透過義務學校教育、男人一定要服的兵役、必要施政措施，透過工作關係，德意志語言和文化就會一點一滴重新回到應有的位置，這也是要將德語定為官方語言的原因。有兩項措施非常重要：一是 1872 年的語言普查，可以確定以德語作為大部分居民母語的

地方，而對所有這些地區，德語就成為行政和學校使用的專用語言；二是國民義務教育（Volksschule），由俾斯麥－博倫[23]頒布命令，男生必須接受義務教育直到 14 歲，女生則是到 13 歲，穆勒起草各不同年級的課程進行通告，迅速實施。由於部分教師選擇前往法國，因此在執行上要找到具有能力的人員成為最大困難。為了替代這些離開的教師，在洛林雇用盧森堡教師與一些德國教師，即使會讓督學的觀感不好，但是也讓一些在學校的修女留下。被稱為教師研習會的師範學校人事和課程被德意志化，西發利亞（Westphalie）神父亨瑞奇・尼格提特（Heinrich Nigetiet）在 1871 年來到梅斯，領導洛林教師研習會直到 1906 年退休為止。在法國，情況和我們所想的相反，阿爾薩斯和洛林出身的儲備教師相對較多，因此教師人員都能進行定期補充。在以多數人講法語或是以法語為專門語言的地區，教師都能使用雙語，在學習開始初期是以法語作為讀、寫為主，稍後在大學課程才出現德語。

最後一堂法文課

「……阿默先生站上講台，用之前對我講話時一樣柔和而低沉的聲音，對我們說：『孩子們，這是我們最後一次

---

23 譯注：為德國首相俾斯麥遠房堂弟，德軍將領，曾於法德戰爭期間擔任阿爾薩斯總督，統合臨時軍文管理機構。

上課。柏林方面下令，以後在阿爾薩斯和洛林的學校裡，只能教授德文……新老師明天就會來。今天是你們最後一堂法文課，麻煩請大家專心上課。』這幾句話讓我感到不知所措。啊！這些傢伙，原來之前市政廳公布的事就是在講這個。

我的最後一堂法文課！我剛剛會寫一些字！就這樣我就再也沒法學習！一切就到此為止了！……

就這樣，阿默先生從這件事講到那件事，他開始跟我們講到法文，說法文是世界上最優美、最清晰、最嚴謹的語言：我們要好好記住這個語言，絕對不要忘了，因為即便一個民族被奴役，只要仍能保有他們的語言，就如同有了打開牢獄的鑰匙。接著他講授文法，我們也跟著讀課文。我竟意外地都能聽懂，他所講的，我竟然都覺得那麼簡單，一點都不難。我相信自己從來沒有這麼專心聽課。……

突然教堂中午的鐘聲響起，接著是唸《三鐘經》[24] 的時間。同一時間，普魯士士兵操練結束返營的號角聲，在我們的窗外響起……阿默先生臉色蒼白地從椅子上站起來。在我的眼中，他的個子從來沒有這麼高大。

24　譯注：天主教經文，通常在中午過後誦讀。

　　『朋友們、朋友們，』他說著，『朋友們，我……
我……』

　　但是有些事情讓他講不下去，他未能講完要說的那句
話。

　　就這樣他轉身朝向黑板，拿起一支粉筆，用全身的力氣
大大地寫下：『法國萬歲！』

　　然後他就這樣待著，把頭抵著牆，沒說話，用手勢向我
們表示：

　　『下課了……你們走吧。』」

阿爾封斯・都德（Alphonse Daudet）

〈最後一堂課，一位阿爾薩斯小孩所寫〉

（La dernière classe, récit d'un petit Alsacien）

引自《星期一故事集》（Contes du lundi），

巴黎，1873 年

　　初中教育從課程至人事，則達到完全的德意志化。文理中
學的教師全都是德國人，在大學課程安排上，大學入學測驗要
計入在文理中學的成績，依成績決定能否進入大學就讀。只有
宗教機構能有本地人任職其中，但是這些人也受到嚴密監視，
並且要聽從公部門指示。除了文理中學，還在主要城市成立一
些提供現代課程的職業中學。

　　史特拉斯堡大學成為威廉皇帝大學（Kaiser-Wilhelm

Universität），經過重組並提供相當優良的設備。阿爾薩斯人很快就絡繹不絕地前往就讀，而洛林人因為通過入學測驗的人數很少，前往就讀的人也少。

短暫的現象或是長久延續的目標？

對德國人而言，這些「既成事實」就是確定不變的，應該讓被兼併地區的人們接受，無論使用強制手段、德意志化，還是軟硬兼施，都要花時間來完成。在法國這邊，總統提耶和其後的繼任者都要執行《法蘭克福條約》，並且要對德意志帝國保持低姿態。可是公共輿論則不然，對於阿爾薩斯這塊「美好花園」屈服於俾斯麥「專制」之下，輿論都感到憤慨。

他們以最晦暗的筆法訴說著德國的存在，在這個主題上，有許多例子可舉，比如 1878 年有一篇刊載於《跨界評論》（*Revue des deux mondes*）的文章，就將阿爾薩斯和洛林景象描繪得非常灰暗。

法國難道就這麼甘於接受「既成事實」？還是在被兼併地域內，鼓動想恢復失地者的情緒和行動，就像俾斯麥所說的，煽動「餘燼覆蓋下的星星之火」？在 1870 年代末，對戰爭餘悸猶存，沒有人想要看到情勢再度演變如斯。德國領導人想要靠著時間推進，讓「既成事實」能被接受。

| 第二章 |
為穩固征服地域的
行政管理和軍事手段

　　俾斯麥很快就知道，最高首長制度比以往弊大於利，主要
缺陷就是形成柏林－史特拉斯堡的雙頭馬車，造成管理困難，
許多干擾因而產生。按照《1879 年基本法》[1]，史特拉斯堡應
該轉而由位於總督（Statthalter）轄下的文職機構負責治理。
這個制度經過《1911 年基本法》修正，一直實施到 1918 年 11
月。

1　譯注：據部分資料顯示，相關法案是於 1879 年由第一章提到的「地區
　　代表委員會」向德國皇帝提出的數項《民族法案》（les propositions de
　　lois nationales），後來德意志帝國將之整理修改，於 1911 年頒行《基
　　本法》（Constitution），全文計有 28 條。

「總督制」：穩定的制度（1879-1918）

穆勒原本更進一步發揮，想要把阿爾薩斯－洛林地區作為王儲領地（Kronprinzland），讓準備接掌皇位的王儲用以實習統治。俾斯麥排除這個提案，並將法案交由帝國議會表決。帝國議會於是建立一個由總督為首的分權治理體制，這個制度就成為總督制。

總督就是由皇帝任命的高級官員，既是代表，也是總管。1879 年俾斯麥把曾參與 1870 年戰事並取得勝利的將領艾德溫・馮・曼德菲（Edwin von Manteuffel）元帥派往史特拉斯堡，兼掌軍文權柄。俾斯麥小心翼翼地讓這位與威廉一世親近的人物遠離柏林，並讓一些對手認為自己有機會取代他原有的位置。為求平衡，他還派遣曾在柏林主管阿爾薩斯－洛林地區事務，熟悉相關資料的赫佐格到史特拉斯堡擔任國務祕書。很快地，曼德菲就和俾斯麥在史特拉斯堡的耳目赫佐格有了齟齬，並獲得和他關係密切的威廉一世，另派一位足以讓他能信任合作者取代赫佐格。曼德菲這位虔誠的新教教徒，曾經率領德國軍隊占領法國，直到 1873 年才撤出，約略會說及寫一些法文；他到史特拉斯堡的目的，就是想讓被兼併地區的人們接受所處的狀況。為了這個目的，他推動和解政策，尤其是親自面見天主教徒，讓他們了解文化鬥爭已然結束。與此相反的是，對於離開並前往法國，正受到朱爾・費希（Jules Ferry）[2]

在小學推動非宗教化政策影響的人，曼德菲下令重開濟利斯汗小修院，並和梅斯的資深主教都彭建立關係。他任命教區內教士，會說寫流利德文的司鐸路易・傅雷克（Louis Fleck）作為主教助理，讓都彭主教對後續的繼任問題得以安心。他還促成會講法、德雙語的史特拉斯堡大教堂本堂神父米榭・科宏（Michel Korum），擔任特夫（Trèves）主教職位，後來科宏在位近四十年。

　　懷柔其中，鐵腕其外，曼德菲繼續城市德意志化政策及地區代表委員會的公共論辯。對具有惡意報刊的查禁上，他執行強制專章條文時毫不猶豫。他也採取手段對付巍然不動的法國銀行和公司，以及抗爭派代表賈克・卡布雷（Jacques Kablé）和朱爾－多米尼克・安東（Jules-Dominique Antoine）。1885年 5 月，曼德菲在卡爾斯巴德（Carlsbad）[3] 做溫泉浴時突然死亡，俾斯麥在德皇威廉一世同意下，挑選身為巴伐利亞人的克洛維・霍恩洛厄（Clovis de Hohenlohe）親王接任。他是一位有著相當地位的人物，曾經擔任極高階職位 [4]，並在帶著遺憾情緒下，離開從 1874 年就擔任的德國駐巴黎大使一職。這

2　譯注：時任法國第三共和教育部長、巴黎市長及法國第三共和的部長會議主席，相當於現今總理職位。

3　譯注：捷克境內的溫泉城市。

4　譯注：曾任巴伐利亞王國總理。

是第一次將軍事和政治責任分離，霍恩洛厄無論如何就是政治人物。在二月抗爭派議員紛紛當選後，1887 年危機[5] 隨即突然發生，他沉著平穩地實施德意志化政策：驅逐並查禁報刊、引進法國和阿爾薩斯－洛林地區間護照、制定有關各市長職務法令，還有效率地重組政治警察和情報機構，並交由卓有績效並行事謹慎的卡爾－奧古斯特・贊恩（Karl-August Zahn）領導。

　　阿爾薩斯－洛林地區事務部由一位國務祕書領導，以確認該地區的行政管理工作順暢。一位井井有條、做事細膩的普魯士人麥克西米連・馮・普特卡默（Maximilian von Puttkamer）在任約十五年。這位國務祕書負責所有文職行政事務，並擁有高於各省首長的權力，手下還有三、四位副國務祕書聽其指揮，各人分工不同，分為司法與禮俗、財政、農業、公共工程。還有第五位的工作是補充前任沒有的，也就是教育督導（Oberschulrat），由保羅・阿柏區（Paul Albrecht）長期擔任此職。直到 1880 年底，所有高階官員都由德國人出任。剛開始，這些任命原先都只是短期任職，然而因為能夠很快在史特拉斯堡做出成績，就成為在帝國領地特有的最好事業發展。在新生代中，可舉例的有出生於 1877 年（兼併後），一位名為宏寧（Hörning）的牧師之子，原本擔任轄區首長助理，後來

5　譯注：此處應指俾斯麥要求帝國議會通過他的軍備預算，議會拒絕後，即遭解散，並於 1887 年 2 月重新選舉，親俾斯麥議員成為多數，新國會即通過預算案。

在 1912 年成為薩蘭堡轄區首長。直到 1918 年，可以看到許多
人在帝國和地區職務間來回任職。我們可以在眾多例子裡稍
舉其一，好比馬帝亞斯・馮・科勒（Matthias von Koeller），
他原本在史特拉斯堡擔任負責內政工作的副國務祕書，後來在
1894 年回去接任普魯士的職務，最後在 1901 年回到史特拉斯
堡任國務祕書。有幾位歸順的阿爾薩斯人都被安排擔任極高的
職位：在史特拉斯堡當律師的埃米爾・佩特里（Emil Petri）
被安排負責司法部門，以及地主雨果・佐恩・布拉赫（Hugo
Zorn de Bulach）也擔任副國務祕書，並在 20 世紀初成為國務
祕書。

帝國領地的公共事務

　　剛開始時，中階及次要的公務人員主要都從普魯士及巴伐
利亞（Bavière）和巴登（Bade）招募，鐵路和海關部門也招
募盧森堡人，像是羅勃・舒曼（Robert Schuman）[6] 的外祖父
就被調到阿爾薩斯的歐德宏（Oderen）擔任海關人員。所有的

6　譯注：舒曼出生時，國籍為德國，1919 年阿爾薩斯－洛林地區回歸法
　　國後，改國籍為法國。曾擔任法國外交部長及總理，後來提出「舒曼
　　計畫」，促成歐洲煤鋼共同體（European Coal and Steel Community），
　　開啟歐洲整合之路，與讓・莫內（Jean Monnet）共同被稱為「歐盟之
　　父」。

文理中學教師、護林員、警察，都由德國人擔任。小學教員中，由於師範學校仍被保留，有利於雇用阿爾薩斯和洛林本地人，一時之間「本地」教師為數不少。在公共工程、健康、海關等部門，到 1890 年才開始雇用阿爾薩斯本地人。阿爾薩斯－洛林地區鐵路部門也是如此，在蒙蒂尼萊梅斯（Montigny-lès-Metz）、下余斯（Basse-Yutz）及薩格米內，洛林車庫和工廠內有很多阿爾薩斯本地的鐵路員工。許多次在史特拉斯堡的罷工行動，就是由位於比沙伊姆（Bischheim）的車庫中發起醞釀並組織，再蔓延到洛林。洛林人都認為他們是被普魯士殖民——在那裡喜歡用「本地人」這個說法，並且要聽命於已德意志化的阿爾薩斯新教徒。除了督學工作外，沒有一個洛林人在行政機關負責管理。師範學校校長，例如蒙帝尼的師範學校，由德國人擔任。天主教機構——比奇的主教初中，還有在阿爾薩斯、洛林東部擁有學校的佩爾特（Peltre）及巴塞爾的聖讓（Saint-Jean-de-Bassel）各修會師範學校，以及希博維列上帝會，都受到嚴密監控。在蒙蒂尼萊梅斯小修院，帶領研修的工作原先交由萊茵神父阿道夫・芬岑（Adolf Fritzen）負責，而後他成為史特拉斯堡主教，他的工作接著交給一位被選為薩布隆（Sablon）市長且未具神職身分的教師，一直到歸屬於梅斯為止。在擔任公職的人之中，新教徒的人數最多，尤其是主管職；而天主教徒則非常稀少，即使要求公平對待也沒用。

霍恩洛厄親王與地區代表晚宴時的講話，
1892 年 2 月 24 日

「各位先生，在這個又一次對各位表達敬意並歡迎的機會，讓我無可避免地想起，去年看到各位同樣和我共聚一堂的情景。我極有信心地做了講話，而這份信心讓地區代表們和政府都能站在一起。我表達希望在短時間內，我們可以讓情況回歸正常狀態，並且達成讓這個地區能按照各位理解方向發展的願望。然而不久後，天際烏雲乍現，我話中的期待似乎就此不再，我們的朋友也對未來感到惶惶不安。可是這些疑慮很快就消失了，我們馬上就能滿足地方上的願望。這些都要感謝皇帝對帝國領地不間斷地施惠，以及首相（卡普里維〔Caprivi〕）[7] 在阿爾薩斯－洛林地區事務上冷靜和無私的決斷，最後還要感謝各位認真與忠誠的作為。

因此，會在某段時間不可避免地實施讓人民感到被限制的措施，甚至會阻礙與人民建立關係。日後，即便實施沒有必要的護照，在我們都能了解鞏固邊界和保護家園是必要的事後，這個措施就會取消。……」

霍恩洛厄親王，《回憶錄》（*Mémoires*）第三冊，

巴黎，路易科納出版社（Louis Conard），

1909 年，頁 299-300

7　譯注：此處指的是在俾斯麥辭去首相後，於 1890 年 3 月接任直到 1894 年 10 月卸任的里奧・馮・卡普里維（Leo von Caprivi）。

面對法國：保衛西部邊境

為了防範法國可能的報復行動，直接受命於皇帝的軍方在西部邊境派駐部隊。營房和操練場上充斥著普魯士人、巴伐利亞人及薩克遜人，這是對所有權的宣示。高層職務任命專屬於德國皇帝，在曼德菲死後，軍文即行分治：指揮部隊的將領直接向皇帝和皇帝的軍事幕僚負責，並聽命於柏林 —— 即普魯士戰爭部和參謀本部。

兼併初期，德國參謀部入駐於法國所遺留的軍區內，更重新加強梅斯周邊的防禦工事。1880 年代末，德國參謀本部開始改變戰略思維，在會發生一場全歐戰爭的假想下，將防衛重點置於東側邊界。再者，炮兵發展和炸藥威力獲得重視；在沃邦（Vauban）[8] 的石造防禦工事和堡壘已被廢棄，應該在重新維護或興建半地下的工事取代擇一為之。一項龐大計畫著手進行。德國拆分第十五軍團，從原建制中建立第十六軍團，進駐梅斯。該軍團由曾參與 1870 年戰爭的老將戈特利布・馮・海斯勒（Gottlieb von Haeseler）元帥指揮。為了凸顯這支部隊的存在，以及梅斯在軍事上的作用，於是建造一棟醒目而華麗的軍事大樓。各要塞都被加強，在薩爾堡、莫漢日（Morhange）、迪厄茲（Dieuze）及梅斯郊區建立新軍營。1902 年開設比奇營地，作為新兵訓練和測試新裝備之用。最

8　譯注：位於現今德國弗萊堡（Fribourg），城市內法軍基地。

重要，當然也是花費最大的，就是圍繞著梅斯打造的半地下式防禦工事：要塞（Festungen）。

20 世紀初，梅斯成為世界上最先進的防禦要塞。在假定爆發歐戰的前提下，史里芬計畫（le plan Schlieffen）[9] 預想投入一項經過比利時，而針對德國西邊的攻擊。在這項構思下，梅斯所在位置有著雙重作用：一旦法國發起正面攻擊，梅斯應行拒止；如果法國針對梅斯和弗日間的洛林缺口進行攻擊，梅斯則為後勤支援。弗日一線並未設防禦工事，而德國的想法是利用要塞工事封鎖阿爾薩斯各個谷地，其中最堅固的就設於米齊格（Mutzig）；法國從弗日山脊朝著阿爾薩斯西南方的攻擊不足為懼。德意志皇帝每年都會巡視各要塞和視察管理工作，並且參與演習。這整套布置有著雙重作用：一方面威懾法國；另一方面讓法國不會對梅斯發動攻擊。

要阿爾薩斯－洛林地區的人到軍隊服役是最主要問題，長久以來，德國都會在徵召新兵時，將抗拒服役的人登記在冊。在 20 世紀初，拒絕當兵問題就變得無關緊要，幾乎所有新兵都會服役，大部分的人都會被送往德國東部駐地。相反地，服一年志願役者在服役後會成為後備役軍官，在「本地人」中，洛林人非常少，而阿爾薩斯人較多。擔任常備役軍官的更少，

9　譯注：為阿弗列・馮・史里芬（Alfred von Schlieffen）擔任德國參謀總長任內制定的一套作戰計畫。

阿爾薩斯出身者如後來成為將軍的舒契（Scheuch）[10]，也是帝國最後一任戰爭部長。

　　法國對這項軍事駐紮密切注意，少量的馬匹購置、細微的部隊調動和防禦工事構築都會被立即回報並作分析，這些動態都會向法國的軍、文領導人報告。在邊界兩側，德、法雙方的情報和諜報作為成為日常實際與心理存在。在用間上，所有專業人員，尤其是邊界各警察局長都被運用，情報網也被建置起來，其中有一些還運作很長一段時間。對德國間諜的恐懼成為法國的敏感議題。

　　在德國領導人的心裡，借用俾斯麥的話來說，阿爾薩斯－洛林地區一直是「帝國前沿的開闊地」[11]。這種說法經常被提起，例如首相霍恩洛厄於 1900 年 2 月在帝國議會裡的訪問中就曾提到。這種地理上所出現的情況，使得維持專制統治得以合理化。記者亨利·科林（Henri Collin）[12] 用許多人都得以知道的方式在《洛林報》（Le Lorrain）上高聲反駁：「我們對帝國提出異議，帝國憑什麼有權能將我們置於監管之下？1900 年 2 月 25 日。」這是發自心中的吶喊，完全沒被聽見。

10　譯注：全名為海因里希·舒契（Heinrich Scheuch），生於阿爾薩斯賽勒斯塔（Sélestat），1915 年升任德軍少將，是極少數阿爾薩斯人在德軍中升至高階者，終身未婚。

11　譯注：指敵方易從此處攻擊。

12　譯注：科林本身也是神父。

被兼併地區人民的代表

　　政治上最為人矚目的議會選舉在 1880 年代，對具有抗爭傾向的議員最有利[13]，這些議員中最為人所知的，包括史特拉斯堡的卡布雷，以及梅斯的安東。1887 年 2 月選舉成為抗爭的最終樂章；15 位阿爾薩斯－洛林地區選出議員，雖然彼此或有小異，但都屬於抗爭派，配合德國的布拉赫男爵則輸得一塌糊塗！實際上，這是一個時代的終點：處處限制的措施、安東的被驅逐[14]、卡布雷的離世[15]，還有德國的決心等，扼殺了堅持奮戰的抗爭運動。1889 年底，布朗熱（Boulanger）將軍[16]在法國的失敗，讓大家意識到，以人道觀點來看，國家不該再投入因報復而起的戰爭中。兼併地區的人們開始遷就，接受既成事實。一般議會和代表委員會的當選者已經這麼做了。在這樣的妥協下，兼併地區人民由一些有良好教養、高貴、富有、

13　譯注：此處指選舉帝國議會的議員。

14　譯注：由於安東的抗爭行為頻繁而激進，最後遭到帝國議會驅逐。他後來前往盧森堡，並於 1889 年正式辭去帝國議會議員，所遺職位經補選後，由亨利・拉尼克（Henri Lanique）遞補。

15　譯注：卡布雷於 1887 年 4 月離世，即選舉完兩個月後。

16　譯注：全名為喬治・厄內斯特・布朗熱（Georges Ernest Boulanger），軍人出身，後在法國第三共和擔任戰爭部長，利用德國對阿爾薩斯－洛林地區的兼併鼓吹報復，煽動極端民族主義，一時之間儼然有推翻第三共和之勢，法國政府以陰謀叛國對他發出通緝。

有學問又舉止有禮的人代表，包括地主、實業家、律師，還有幾位像是米路斯聖艾蒂安（Saint-Étienne）的本堂神父朗德林・溫特雷（Landolin Winterer）。地區議會議長是阿爾薩斯人斯倫貝謝，副議長同時也是斯倫貝謝繼任者的洛林人愛德華・若內滋（Édouard Jaunez），兩人與高階公務人員建立互有往來的關係，並都受到威廉二世授予爵位！

威廉二世所做談話

「威廉二世週二在史特拉斯堡發表一段談話，有幾項觀點非常值得注意。

這如同向阿爾薩斯－洛林地區公開表達滿意的態度，同時也等於向歐洲表示願意修改《法蘭克福條約》的證明。我們不需要檢視，也不用批評皇帝的說法，只要注意對我們影響最大的部分即可。

是否為時間的消磨、生存的需要，以及與大多數人有關的商業活動，讓許多阿爾薩斯和洛林人即便不那麼積極，但也勉強接受既成事實？事實上，的確如此，應該說這些對內或對外都有作用，如果許多人仍然懷想著母土故國、維護著曾身為子民的珍貴回憶，就如同我們日前在清晨於古老的大教堂和尚比耶（Chambière）墓園的聚會也是一樣的意義，但這些都無益於我們生活與商市的安定，而有了生活和商市的安定，才能在未來的日子裡，讓有能力和

穩定的政府照顧好我們所在的地區。

許多人和鄰近地區這十年來做比較，讓他們相信並表示自己當初沒有遷離是對的。

從這一點來看，皇帝確實可以感到高興，並且同時表達他對老一輩人的敬意：這樣就是表示他們擁有懷想往日的權利，只要他們心有所想，即能無礙表達，同時也能有忠誠之心與面對權力時的調整。

威廉二世對於『在帝國旗幟下』成長的『年輕世代』表示的歡迎覺得感動，我們是不是可以對這位尊貴的陛下有所期待？皇帝對年輕人講話中表達的稱許，不是要換取激勵和希望嗎？在慶祝日遊行大道上的歡呼聲，是否真的代表所有人的態度？

哎！皇帝當真有著很宏大、高遠、寬厚的想法，使得阿爾薩斯和洛林的官員們能以包容態度施行舊日的法令。

皇帝還特別對教士們講話：簡言之，他讚揚並承認他們的威信，並建議他們將這份威信用於對帝國和政府的協助上。……」

《洛林報》，1899 年 9 月 9 日 [17]

---

17 《洛林報》是一份由天主教自 1883 年開始於梅斯發行的法語日報，其政治方向主導人是一位教士，即科林神父。

在 1890 年俾斯麥辭職後，一項長期性的懷柔政策正在成形；當選的代表於 1891 年從威廉二世處爭取到廢止一些如護照制度之類強制又不得人心的措施，眾所周知的「強制專章」字句也在 1902 年被刪除；個人和團體自由也比較受到尊重；民意代表選舉也能反映出大家心裡的想法；政治人物也不再使用「抗爭派」的標籤。然而，抗爭的敏感性還是會不時出現，德國媒體仍會忿懟地提到此事，認為抗爭就是辜負恩義的做法！除了對軍事和船舶法令的反對外，阿爾薩斯－洛林地區民選代表的抗爭行為不再毫不妥協，有些人甚至和一些想在這塊帝國領地上發展的德國政黨合作。邁出第一步的是社會民主黨（le Parti social-démocrate，簡稱 SPD），該黨領導層還在 1893 年前往阿爾薩斯－洛林地區，奧古斯特・貝貝爾（August Bebel）到史特拉斯堡、威廉・李卜克內西（Wilhelm Liebknecht）則到梅斯，貝貝爾還在抗爭派投票支持下，當選阿爾薩斯首府的帝國議會議員。

要形容這段從 1890 年至 1906 年約十五年的時間，賈克・普雷斯（Jacques Preiss）[18] 曾說過的「在墓園中的死寂」，曾多次在法國和阿爾薩斯－洛林地區被人引用；這個說法是指激進抗爭的結束，以及能導致和解的某種形式上的順服，而這

18　譯注：出生於上萊茵的律師與政治人物，原為抗爭派議員，曾任地方議會代表，後與德國政黨合作，於科瑪當選帝國議會議員。

種和解被德國當局認為是心甘情願的。然而真是這樣嗎？德國人並不這麼想。心情的平和加上經濟上的榮景，讓阿爾薩斯人能心平靜氣地與德意志帝國合作，並且安靜地接受既成事實。德雷福斯事件[19]加上反對教會干預政治風潮席捲法國，造成1905年立法將宗教與公共生活及政治分離[20]等事件，被用來凸顯德國統治注重該地區與居民需求所帶來的好處。

在德國經濟領域逐步發展的合作

在兼併後最初幾年，企業和批發商在遭遇影響鐵礦開採、冶金及紡織的1873年至1879年經濟危機[21]等情況下，要適

19　譯注：有關該事件概述，請見第一章譯注。

20　譯注：18世紀末至19世紀初，法國產生對國教天主教干預範圍過大而質疑的爭議，歷經逐步將天主教影響自情報、政府、教育等公共領域排除後，於1905年統合法令，確認宗教不得干預人民生活及公共領域。此即第一章所提的「非宗教化」（laïcité），或有人稱為「世俗化」、「政教分離」。書中後段譯文使用「政教分離」或「非宗教化」稱之。

21　譯注：這裡指的是19世紀後期發生影響到北美和歐洲的經濟衰退，一般認為是因為前期經濟成長過快，造成地產快速增值和貨幣供給不足，一旦農業減產、地產泡沫破裂，加上美國通過限制私人以白銀鑄幣的貨幣法案，阻礙貨幣供給，長期性經濟衰退於是發生。該衰退一般由於衡量標準不同，結束時間也沒有定論，但發生時間都認為是在1873年，或說是維也納萬國博覽會開幕時，或美國《鑄幣法案》（Coinage Act）通過時。

應德國市場，經營上都很困難。另一方面，洛林的冶金工業也因為技術關係，無法利用洛林產的磷鐵礦而受到威脅。1879年，德意志帝國停止自由匯兌。通關保護主義復辟更在法國和阿爾薩斯－洛林地區海關邊界上擴大政治區隔。為了保留住法國市場，一些企業經營者在法國開設子公司：溫德企業在日夫、薩格米內陶器業者在維特里勒弗朗索瓦，以及帝璽（de Dietrich）在呂內維爾（Lunéville）。這種將資本和技術能力轉移到法國，被認為會削弱被兼併地區的經濟。另一方面，由德國市場獲利的阿爾薩斯葡萄種植業者卻擴展種植面積，而洛林的葡萄種植業者則發現另一個高利潤的銷售方向，就是為知名的德國氣泡酒（Sekt）供應原料。

1880 年代初期，德國資本開始投入洛林的鐵礦和冶金工業。薩爾斯頓（Sarrois Stumm）與勞士領公司（Roechling）率先投入，西發利亞人（Rhéno-Wesphaliens）連同龍巴（Rombas）的工廠基金接著在 1889 年加入。由於溫德企業購得湯馬斯法（Thomas process）[22] 十五年專利，得以利用洛林的含磷生鐵

22　譯注：或稱為吉爾克里斯特－湯馬斯法（Gilchrist-Thomas process），為英國人珀西·卡萊爾·吉爾克里斯特（Percy Carlyle Gilchrist）與表兄西德尼·吉爾克里斯特·湯馬斯（Sidney Gilchrist Thomas）於 1877 年共同發明並取得專利的煉鋼法。由於生鐵含磷過高會脆化，而洛林鐵礦為磷鐵礦，所煉生鐵需要經脫磷方能煉鋼，當時普遍使用的方法不適用含高磷的洛林生鐵，只有採用湯馬斯法才能有效率的脫磷。

煉鋼，於是在初期就從事開採鐵礦和設置鑄造廠。儘管期間經歷數次經濟危機，尤其是在 1887 年至 1889 年間，造成斯帝罕（Stiring）和阿爾斯（Ars）有三間工廠關閉，對洛林鐵礦的提煉，在 1890 年代隨著魯爾和洛林（Ruhr-Lorraine）建立緊密的關係，而持續進行與發展：魯爾供應煤和焦炭，洛林則供給鐵礦石與生鐵。20 世紀初，幾家德國大公司建立一些規模完整的工廠，其中以蒂森公司（Thyssen）在阿貢當吉（Hagondange）所建的工廠最重要。在阿爾薩斯，值得注意的是鉀鹽礦床，以及佩希爾彭（Pechelbronn）石油礦藏的發現和開採。工業化有助於在洛林的德意志化工作，因為企業雇主和受雇的管理領導都是德國人，然而在阿爾薩斯，阿爾薩斯的雇主清楚知道要掌握著企業和銀行的控制權，尼德布龍（Niederbronn）的帝璽家族就是一個例子。

　　鐵路在阿爾薩斯－洛林地區與德國相同，都成為公共設施，並進行大規模路網擴張。勞工和雇員享受到比在法國公司更好的社會福利。德國行政機關有效率地致力於地區發展，建立教會、公共建築、橋梁，以及投入對萊茵河航運和史特拉斯堡港埠的管理工作。

　　在城鎮中，城市規劃建設新的生活區，並在區內興建具有現代舒適設備的房舍、綠化帶及公共設施。史特拉斯堡在 1870 年圍城後，經過設立一些公共建築，讓它成為區域內最重要的城市。在梅斯，重要建設工程直到 1900 年後才開始。

幾乎到處都在按照德國建築模式，修築學校、車站、郵局、市政機關、醫院，這種做法也有利於城市和工業領域的德意志化。在城市中，德國遷入者難以被「本地人」承認是這個地區的住民。這些本地人被要求講德語，德語成為德語區內的官方語言，也是地區內學校僅能使用的語言。所謂德語區，差不多就是整個阿爾薩斯和一半的洛林。實施德意志化不只是主要靠著學校，還有兵役、雇工、生活圈及宗教。

越來越豐富的物質生活，真的足以讓人對政治的需求消失嗎？阿爾薩斯－洛林地區人民的情形，比起先前被普魯士王國併入的波茲南（Posnanie）和西利西亞（Silésie）地域內的波蘭人 23 顯然好得多。在無法再成為法國子民情況下，他們仍希望能免於在德國淪為次等公民與遭到普魯士監管的境遇。「自治」成為其中微妙的字眼，但是這裡的自治究竟有些什麼具體內容？

史特拉斯堡：阿爾薩斯－洛林地區首府

將在史特拉斯堡的行政機構轉變成為柏林體系，在歷史上標誌著這個城市改組完成的重要時期。自此，它才真正成為這

23　譯注：18 世紀，波蘭由於戰爭失利遭到二次瓜分，波茲南和西利西亞地域被併入普魯士王國。

塊帝國領地的首府。

在這些於 1875 年至 1890 年間新建成區域招來定居的新住民，主要都是德國人。這些新區有著寬廣的道路與舒適的設施，和阿爾薩斯舊城相當不同。城市都配備有公共事業：水、瓦斯，很快就有的電力，當然還有公共交通。在公共建築中，值得一提的有皇宮 [24]、地區議會廳 [25]、地區行政大樓、大學、大學圖書館、新的醫療體系、數間寺院和教堂。

在史特拉斯堡也建立一些新的機構，像是社會保險辦公室、退休金管理處，這座城市一直以來都是銀行和金融的中心。德國銀行加入已經現代化的阿爾薩斯銀行之中。每日和每週發行的報刊都被大規模與快速的德意志化。1882 年，由《科隆報》（*Journal du Cologne*）分出，標榜自由和民族的《史特拉斯堡郵報》（*Strassburger Post*）創刊，由傑出記者巴斯卡‧大衛（Pascal David）帶領經營三十年。《史特拉斯堡郵報》成為一份官方報紙。

---

24 譯注：至今仍保留，改名為萊茵宮（Palais du Rhin），並列為法國歷史建築，現為阿爾薩斯文化局辦公處所。

25 譯注：現為史特拉斯堡國家劇院，史特拉斯堡音樂學院亦設於此處，為法國歷史建築。

皮耶・布雪（Pierre Bucher）給莫里斯・巴海斯（Maurice Barrès）的信，1899 年 12 月 29 日

「……您令人稱道地表明一些事實：由於商業和德國社會組織的發展將我們推向他們的懷抱，即便在我們沒有人表示要歸順時，他們依然張大雙手表示歡迎，因而我們的愛國主義對大家已經不再有吸引力了。

無論在任何情況下，能讓我們幾乎在不知不覺中傾向法國，是因為它的文化，更在有幸接觸感受這種文化後，我們已經無法忍受再回到不知寬容，也沒有節度的民族低俗習性中。

這種感覺不只是知識階層才有，我們敢說還有工人、農民也這麼認為，即便無法形容出來，任何人都能深深感受到，這種感覺的力量更讓德國人訝異，並認為是要花費許久的時間才能克服的障礙。這就是將阿爾薩斯和法國結合的維繫力量，能做出長久持續的抵抗。……可能在這個時刻，法國無法為我們做任何事，但是您曾說過：法國應該一直將我們放在心裡。我們太過渺小，所以至少需要這種精神上的依靠。

不過，我承認：當我看到德國元素的侵入日益擴大，行政當局盡各種努力要清除所有的法國根基，而且在我感覺到可憐的法國同胞，儘管他們是無心的，但丟失對法國事物的基本概念，我仍沮喪到傷心欲絕。

只是感謝上帝，這些時刻是短暫的，當我再次投入時，將會更強韌的堅持下去。我相信功不唐捐，我們永遠不知道可以把事情做到什麼程度。

巴海斯，《我的手札》（*Mes Cahiers*），
普隆出版社（Plon），1930 年，頁 285-287 [26]

1870 年之前，史特拉斯堡一直是宗教重地。在海耶斯主教死後，主教教區交由德國教士芬岑負責，並自 1901 年起，增加一位阿爾薩斯本地副手：弗朗索瓦·佐恩·布拉赫（François Zorn de Bulach）教士。幾乎完全屬於阿爾薩斯本地掌握的教士養成體系，在 1900 年之後交由全新由大學創設的天主教神學院負責，這些院所召集一批具有資格的德國教師，之後成為慕尼黑樞機主教和總主教的邁克·佛哈貝（Michael Faulhaber）即為其中之一。在新教方面，奧古斯堡教派（confession d'Augsbourg）和聖湯馬斯聚會所（chapitre Saint-Thomas）的領導，都由當局巧妙地控制著。

在圍城期間遭到燒毀的大學與圖書館被重建了，在大部分

---

26 譯注：布雪為阿爾薩斯文化活動者，堅信阿爾薩斯屬於法國，並致力傳遞以法國為根源的阿爾薩斯文化，和執政當局的德意志化對抗。為讓法國了解阿爾薩斯，他曾邀請數位法國作家來訪，向他們講述阿爾薩斯的情況，巴海斯即其中一人。此信應為布雪寫給巴海斯的信函，被巴海斯收錄於自己的著作。

教授都選擇前往法國的情況下，就從德國召集以重組教師群。威廉皇帝大學成為一座德國和新教的堡壘。在教師中，天主教徒為數不多，像選擇天主教中央黨[27]領導者的兒子馬丁・史邦（Martin Spahn）擔任現代歷史教授，就引發一陣驚愕。1900年，天主教神學系開辦，目的就在於為德國養成阿爾薩斯和洛林教士。這所大學以醫學、歷史、新教神學及那個時代最著名法學家之一的保羅・拉班（Paul Laband）教授的法律而聞名，並吸引來自德國各地的學生就讀；舒曼也曾在這所大學研讀法律，並通過論文；後來成為聯邦共和國總統[28]的蘇艾伯・特奧多爾・豪斯（Souabe Theodor Heuss）就在此處遇見未來的妻子，而在他結婚時，為兩人祝福的年輕牧師亞伯特・史懷哲（Albert Schweitzer）則在新教神學系教書；梅斯的檔案管理員基爾格・沃夫朗（Georg Wolfram），於 1911 年被任命為史特拉斯堡大學圖書館負責人。

　　在寬容阿爾薩斯人擔任市長幾年後，一位德國公務員拜克被任命為史特拉斯堡代理市長；接著在 1886 年，他成功被市議會選為市長。在他任內，這座城市大幅蛻變，有了新的區域

27　譯注：又稱為中央黨，為德國政黨之一，於 1870 年創立，主要支持在基督教價值下的民主主義。曾為德國第三大政黨，創立後經過德意志帝國及威瑪共和國時期，於 1933 年曾一度解散，後於 1945 年再度成立。但二戰後漸為基督教民主聯盟（CDU）所取代，影響力逐漸消退。

28　譯注：即二戰後於 1949 年成立的德意志聯邦共和國，一般稱為西德。

與炫麗的公共建築：皇宮、地區議會、大學、寺院和教堂。拜克退休後，市長一職交給歸附德國的阿爾薩斯人魯道夫‧史旺德（Rudolf Schwander）。他是 20 世紀最受矚目的幾位史特拉斯堡市長之一，讓這座城市脫離舊城的羈絆而豁然開朗。史特拉斯堡是帝國領土中各種公共權力的所在地，吸引許多機構和組織來此地創立。各種服務業——銀行、保險、媒體及出版業者，都經歷快速發展。萊茵河航運在此可以航行到巴爾，讓建築一座現代河運港口的計畫成為可能。圍繞著史特拉斯堡，一塊產業和勞工市郊城鎮帶逐步擴大：像是鐵路城市比沙伊姆、有著釀酒廠和麵粉廠的希爾蒂蓋姆（Schiltigheim）、有著阿爾薩斯建築機具廠與染整廠等大企業的伊爾基什－格拉芬什塔登（Illkirch-Graffenstaden）等。擁有 16 萬 3,000 多位居民，總人口數超過 20 萬，依照德國當時的標準，史特拉斯堡是帝國領土中僅有的大城市。

上阿爾薩斯的首府科瑪居民在 1910 年達到 4 萬人，依照當時標準，已經是一座中型城市。在阿爾薩斯－洛林地區高等法院設置在此之後，科瑪已是擁有自己公務人員的行政及司法要地。在那段時期，科瑪附近是一大片非常興盛的葡萄產區，延伸觸及一部分的阿爾薩斯平原；在科瑪的資產階級中，有一群以教士埃米爾‧韋特萊（Émile Wetterlé）、普雷斯、律師保羅‧赫爾梅（Paul Helmer）為首具影響力的重要親法人士。科瑪的報紙，不論是法文或德文，發行遍及整個上阿爾薩斯。

　　居民超過 8 萬人的紡織製造業之城米路斯，是上阿爾薩斯的主要城市；鄰近在 1871 年後成為許多同鄉前往定居的瑞士和巴爾。在那裡，勞工遇到信仰新教的雇主，這些雇主有著社會保障的超前意識，讓當地的勞工比史特拉斯堡更早感受到社會主義。對於天主教徒 —— 許多來自農村地區的勞工都是天主教徒，則有他們的本堂神父照顧，其中以溫特雷和亨利・瑟提（Henri Cetty）最知名。

| 第三章 |

法國眼中的阿爾薩斯－洛林地區

　　法國人提及阿爾薩斯－洛林地區時是怎麼說的？還有他們心裡對於失去梅斯和史特拉斯堡這兩座具有象徵意義的城市，有什麼樣的感受？其中被使用最多的詞彙是「失落的行省」，這種說法就是要讓人認為重新取回或找回這些土地是能夠且應該要做的事。在這個問題上，要清楚區分大眾意見和法國政府官方立場，畢竟後者參與簽署《法蘭克福條約》，而且必須遵守，承認「既成事實」的政府要和持有這塊土地的強大鄰國繼續維持關係。各個共和政府遵守的這條底線，一直持續到1914 年 7 月。

　　許多法國人總是盼望著雪恥，也希望這些「失落的行省」能儘快回歸，但無奈的束手讓他們倍感失望！甘必大曾在某天明白對人們表示：「沒有人討論這件事，連想都沒在想。」保持希望和放棄雪恥兩者能否相容？隨著歲月流逝，法國人是否就這麼聽之任之？

在法國的阿爾薩斯和洛林人

阿爾薩斯和洛林人不想等到被法德戰爭傷害，就提前遷往法國其他地區，特別是巴黎。1870 年之前，許多法國人住在埃皮納爾（Épinal）[1]，其中就有法國社會學創始者艾彌兒・涂爾幹（Émile Durkheim）的父親，涂爾幹拉比（rabbin）[2]。一批重要的阿爾薩斯人遷往巴黎。在這些人之中，僅僅舉出兩個人：方向自由的日報《時代》（Le Temps）創辦人，記者奧古斯特・內弗澤（Auguste Nefftzer）；以及札多克・甘恩（Zadok Kahn），他是一位阿爾薩斯小販之子，於 1869 年被任命為巴黎地區的拉比，1893 年再被任命為法國首席拉比。在 1871 年之後，遷移潮出現另一波高峰。

這些在 1870 年代和 1880 年代做出遷移選擇的人，遷居地方在法國各地的比例大為不同。在菲德希克・巴比耶（Frédéric Barbier）[3] 所做研究中，針對這個問題提出一些值得注意的數據資料。其中可以看出有三個主要區域，法國東部地區，首要的是接近邊界的省分，包括南錫、埃皮納爾和貝爾弗等城市在內，自然都列在最前面。從阿爾薩斯帶來的資金非常可觀。大

1　譯注：弗日省內的市鎮。

2　譯注：即猶太精神導師。

3　譯注：法國當代歷史學家，於法國國家圖書館擔任研究員，並在各大學授課。

量移民安置在漢斯（Reims）、第戎（Dijon）及里昂（Lyon）。值得注意的是，原籍尼德河畔西利鎮（Silly-sur-Nied）的泰廷爵（Taittinger）家族，他們是享譽國際香檳酒莊的創辦人，許多家族成員在 20 世紀的政壇扮演重要角色：皮耶‧泰廷爵（Pierre Taittinger），曾為巴黎市議員與議長；讓‧泰廷爵（Jean Taittinger），曾為漢斯市議員與市長；皮耶－克里斯廷‧泰廷爵（Pierre-Christian Taittinger），曾任參議員、巴黎市議員及巴黎第十六區區長。在聖艾蒂安（Saint-Étienne）就曾有一位叫做尤金‧偉斯（Eugène Weiss）的阿爾薩斯年輕人，於 1882 年開設一家巧克力店，之後又創辦一家製造這些巧克力的企業，在經過家族四代持續經營，讓偉斯巧克力（Chocolat Weiss）成為聖艾蒂安的特產。比什克維萊（Bischwiller）的織布工人，跟著老闆來到諾曼第（Normandie）。身為作家和評論家，並娶了一位實業家的女兒為妻的讓－理查德‧布洛許（Jean-Richard Bloch），曾在他的著作《之後呢……》（Et après...）中，提到這塊阿爾薩斯人的移居地埃爾伯夫（Elbeuf）。以赫左格（Herzog）為姓氏的作家安德烈‧莫洛亞（André Maurois），是那個世代的知名作家，也是一直住在埃爾伯夫的阿爾薩斯實業家之子。在移居阿佛爾（Havre）的人裡，實業家朱爾‧齊格弗里德（Jules Siegfried）是著名的代表人物，後來更成為阿佛爾市長。在洛林人之中，要提到的是泰德簡（Teitgen）家族，他們出身自尼德河谷，其中有兩個

世代在天主教運動和司法領域中表現十分耀眼。最後要提到的
是，知名拍賣鑑價大師莫里斯・海姆（Maurice Rheims），他
也是在布雷（Boulay）的猶太家庭後代。

特別歡迎阿爾薩斯－洛林移民的地區，是巴黎和巴黎周
邊。在巴黎東邊人口眾多的環狀地帶，就有一些阿爾薩斯人
的移民區。較有餘裕的家庭和知名的知識分子都比較喜歡選
擇安頓在這座首都城市，他們找到一些退路，像是之前提過
的《時代》日報，成為巴黎一份半官方報紙；費希的岳父查
爾斯・希斯勒（Charles Risler）曾在第一次世界大戰發生前，
擔任巴黎第七區區長。出身於史特拉斯堡的新教資產階級，
並且為共和政體支持者的路易絲・偉斯（Louise Weiss, 1893-
1984）[4]，她的家族選擇前往法國。她的祖父喬治－埃米爾・偉
斯（Georges-Émile Weiss）是一名公證人，搬到南錫居住。喬
治的兒子保羅[5]，因為成績優異，進入巴黎綜合理工學院，其
後成為在冶金及礦業方面發展極佳的工程師。她的舅舅拉匝・
偉勒（Lazare Weiller, 1858-1928）是一位企業大亨。猶太教士
西蒙，在短暫待在色當後，接著到納伊任職。出身於蓋布維

---

4 譯注：支持女權主義的政治人物，曾以 86 歲高齡當選歐洲議會議員，
   也是當時最高齡的議員，90 歲時於議員任內逝世。史特拉斯堡歐洲議
   會大樓以其名命名。
5 譯注：全名為 Paul Louis Weiss，即路易絲的父親。

萊（Guebwiller）一個紡織工業家族旁系的斯倫貝謝，是 1908
年創刊的《新法國評論》（*La Nouvelle Revue française*，簡稱
NRF）文學雜誌創辦人之一。由於史特拉斯堡的讓－史東姆文
理中學有一部分教師都來到巴黎，並在此創辦一所阿爾薩斯人
的學校，讓這些「流亡者」的子女能受到良好教導。學校管理
委員會長期由齊格弗里德負責。移居法國的行動一直持續到
19 世紀末，就在 1895 年——距離阿爾薩斯－洛林地區被併後
已有四分之一個世紀，阿爾薩斯歷史學家，同時也是史特拉斯
堡市立圖書館館長的羅道夫・赫斯（Rodolphe Reuss）離開阿
爾薩斯，到巴黎定居，並在巴黎擔任高等實踐學院院長。

　　另外，有一大部分的阿爾薩斯和洛林人前往阿爾及利亞，
在那裡有些人乘著殖民之便而從中獲利。在歐洲，許多阿爾薩
斯人到瑞士生活，特別是巴爾和日內瓦。最後，不少在 1820
年開始就移民到美國的阿爾薩斯和洛林人，也迎來為數不少的
新移民加入。這股風潮在 1890 年後迅速消退。我們發現，在
美國一直到西岸的一些大城市，存在一些移民集中居住區和協
會組織。有不少人沿著社會階層攀登而上，像是出身於索努瓦
（Saulnois）的西奧多・巴塞林（Théodore Basselin），因為在
木材生意上很成功，獲得相當的財富。還要注意的是，從阿爾
薩斯和洛林來的教士與修士，他們和愛爾蘭人、義大利人及加
拿大法語區的人，一起讓天主教深入美國。

　　阿爾薩斯和洛林人很快地就以協會的方式重新組織，最

重要的協會是阿爾薩斯－洛林人總會（Association générale des Alsaciens-Lorrains），標榜的是維護阿爾薩斯和洛林人與共和法國間的聯繫及團結：「我們有著堅定的共和信念，基於希望與毫不動搖的決心，我們得以生存和行動。」協會內部工作者中有一些名人，像是上訴法院檢察官，梅斯人阿弗瑞德・瓦夫海耶（Alfred Woirhaye）就在其中。協會每年都會提出一份報告給協會成員，《阿爾薩斯－洛林》（L'Alsacien-Lorrain）週刊是協會對外表達意見的主要管道。就在總會成立後，一個阿爾薩斯和洛林人的資金互助會於 1884 年也在巴黎成立。

信仰天主教及具保守思想的阿爾薩斯和洛林人，重新組成持有法國籍的阿爾薩斯和洛林人保護協會（La Société de protection des Alsaciens et Lorrains），由奧松維（d'Haussonville）伯爵領導，並在維西內（Vésinet）設立經營一家孤兒院。亨利・亞柏（Henri Albert）於 1903 年創立週刊《阿爾薩斯－洛林信使》（Le Messager d'Alsace-Lorraine），雖然和保護協會沒有法律上的關聯，但兩者維持明顯的密切關係。在這本《阿爾薩斯－洛林信使》週刊上，可以讀到布雪寫的專欄，以及喬治・杜夸克（Georges Ducrocq）和巴海斯的文章〈我們出色的夥伴〉（notre éminent collaborateur）。《阿爾薩斯－洛林信使》週刊還有一個在兼併區裡的匿名通訊員網絡；以化名「一位梅斯人」和「讓－朱利安」（Jean-Julien），為報刊撰寫有關梅斯歷史專欄的人，就是市文獻檔案管理員讓－朱利安・巴

員（Jean-Julien Barbé）。報刊著重談論阿爾薩斯和洛林屬於
法國時的過往、鄉村地區、紀念地標與各個節日；強調對法
語的奮力保存、批評德國當局的錯誤施政，以及譏諷那些投
靠德國的人。在提到「慘敗之年」1870 年那場戰爭時，一併
常被提及的是對要塞的保衛、突擊隊和游擊隊員的英勇，更不
會遺漏對巴贊元帥背叛的譴責[6]。1909 年，週刊刊出「一位阿
爾薩斯醫生的回憶」連載專欄，以愛德華・西弗門（Édouard
Sieffermann）醫生為主角，談「慘敗之年」發生的事，那是一
個和實際情況相異，加入一些自身想法的版本。

　　在這兩個全面性協會之外，還要提及一些以特定群體
或目的為主的協會，像是摩澤愛國者協會（les Patriotes de
la Moselle）、史特拉斯堡中學校友會（les Anciens élèves du
lycée de Strasbourg）等等，一年聚會一至兩次，或是聚餐，或
是歡慶節日。還有在不少地方省內組織而成的協會，像是突尼
斯（Tunis）的阿爾薩斯－洛林人協會、濱海阿爾卑斯（Alpes-
Maritimes）與摩納哥的阿爾薩斯－洛林人協會。其中有些成員
是在 1870 年之前的不同時空背景下，就已經移民來到新大陸
的美國阿爾薩斯和洛林人，重新組織一些協會，主要幾個在紐

6　譯注：即第一章中提到法軍元帥巴贊率領萊茵兵團躲在梅斯要塞中避戰
　　不出，致使法軍慘敗，拿破崙三世被俘，法國人都認為是巴贊的「背
　　叛」。

約，這些協會在第一次世界大戰期間獲得財務上的資助。

在這份清單裡，是否應該加上由阿爾薩斯人札維耶‧尼耶森（Xavier Niessen）建立和代表的法國永誌不忘（le Souvenir français）協會？這個協會主要的宗旨是維護在 1870 年戰爭中捐軀的法國軍人墓地，並在 1880 年底的布朗熱主義（boulangisme）[7] 熱潮下成立的，但是卻能成功地持續經營，並且擺脫布朗熱主義束縛和影響。該協會將原本的目標很快擴及到有共同紀念性的建物上，像是在努瓦瑟維爾和威森堡（Wissembourg）等地的紀念建築計畫，都是由它支持與籌募資金。透過該協會的招募和舉辦活動，緊密維繫各個相關阿爾薩斯和洛林人協會間的關係；德國當局與警察也同樣注意到這個協會；協會成員或是對阿爾薩斯－洛林表示同情態度的人都受到監視，其中有些人還在 1914 年 8 月遭到逮捕。

19 世紀末，這些協會必須成為一個阿爾薩斯－洛林人在法國及各移居地社團協會愛國者聯合會的需求浮現。在第一次世界大戰開戰前，這個聯合會由約瑟夫‧桑斯伯夫（Joseph Sansbœuf）主持。1909 年有 31 個社團協會加入愛國者聯合會。至於這個聯合會的生命力旺盛與否？在 1909 年的年度大

7　譯注：源於身為軍人並任職法國戰爭部長的布朗熱，是法國政府中的主戰派，發表許多對德主戰的言論，受到群眾支持。後文提到的 1887 年德法危機中，許多法國人認為法國政府的克制就是懦弱，轉而引發支持布朗熱的風潮。

會中，共有 200 人參加，一位講者感嘆參與冷清，依據他的說法，在巴黎選民名冊裡登錄的阿爾薩斯和洛林人應該有 4 萬 2,000 人。光是提到「愛國者聯合會」（Ligue des patriotes）主席保羅・德胡萊德（Paul Déroulède）[8] 的名字，就「引起賓客們歡呼」，顯見這些參與者的民族意識無庸置疑。此外，愛國者聯合會還與一些阿爾薩斯和洛林人維持祕密聯繫。巴海斯和查爾斯・史賓德勒（Charles Spindler）間往來的書信就能明確說明這一點。1911 年，突然創設的 1870 年紀念獎章，是由曾參戰的前阿爾薩斯和洛林人獲得，這些人同時被要求接受頒授。即便每次的授贈都是以法語進行，德國當局仍然不敢反對這些授贈活動。從巴海斯和史賓德勒的書信，就能證明這些頒授紀念獎章的活動經費是由愛國者聯合會出資支付。

阿爾薩斯和洛林人喜歡一再提到他們是流亡者，如果在剛開始幾年確實有這種感覺，那麼長時間之下，這種流亡者心態是否還持續存在？實際上，不論是在公職或民間的不同活動裡，他們很快就在法國社會中找到屬於自己的位置，阿爾薩斯或洛林人的身分成為一種驕傲。以查爾斯・山嵩（Charles Samson）為例，他於 1895 年時是在圖爾的批發商，也是北圖

8　譯注：法國作家及政治人物，法國愛國者聯合會創辦人之一，傾心民族主義，曾因意圖說服將領發動兵變不成後自願被捕及自請以叛國罪論處，後被放逐至西班牙。

爾（le canton de Toul-Nord）議會代表候選人，在政見聲明中自認為是「一位具有堅定共和信念及長久以來大家都明白的愛國思想……」。《摩澤週刊》（La Moselle）在 1895 年 7 月 20 日那一期，曾以這些文字評論：「直到家鄉土地被兼併後……為了不讓他的三個兒子淪落到德國當局之手，他的父親才離開這塊出生之地。……暴力和背叛將我們驅離這個城市，但是我們對回到母土法國永遠抱有希望。」我們舉出幾個在政府單位工作者的姓名：擔任省長的保羅・柏涅（Paul Boegner）、省財政主計官杜奇、安東和斐迪南・史帝荷蘭（Ferdinand Stehelin）等等。對以廣招徠的大學，為首的是因為吸收從史特拉斯堡醫學系投奔而來的教職員，而使教學體系更為充實的南錫大學，像是伊波利特・伯恩海姆（Hippolyte Bernheim）[9] 就在那裡擔任教師。中世紀文化研究學者克里斯蒂安・費斯特（Christian Pfister）和化學家阿爾賓・霍爾（Albin Haller）被譽為「阿爾薩斯學者的榮光」，還有後來成為索邦大學 [10] 理學院院長暨機械學教授的保羅・阿貝爾（Paul Appell），以及

9　譯注：法國醫師，專長為神經內科，以催眠理論中的暗示接受性而廣為知名，因為不願在兼併後成為德國臣民，而離開史特拉斯堡至南錫教學行醫。

10　譯注：Sorbonne Université，原巴黎大學索邦學院，指的是以人文研究為主的巴黎第四大學，後來在 2018 年合併巴黎六大理學院和醫學院，成為擁有三個學院的索邦大學。

歷史學者查爾斯・迪爾（Charles Diehl）、日耳曼語學者查爾斯・安德勒（Charles Andler）。在中學或大學教德語的教師大部分是阿爾薩斯人，他們的特點在於既是優秀的德語學者，又對德國和所有德國的事務充滿厭憎。

在軍職方面，許多出身被兼併地區的人在軍中服務，其中有些人發展極佳，像是在 1905 年去世的愛彌兒・斯托爾（Émile Strohl）將軍、身為梅斯中學門房之子的亞瑟・保林（Arthur Poline）將軍、出身聖阿沃德（Saint-Avold）且為巴黎東站鐵路專門警局局長之子的艾德華・希紹爾（Édouard Hirschauer）將軍、出身於梅斯天主教保皇家族的喬治・拉德莫爾（Georges de Lardemelle）將軍，還有莫追（Maud'huy）[11] 將軍、別提耶・索維尼（Bertier de Sauvigny）將軍、沃格儂（Vaulgrenant）將軍、普美格（Puymaigre）[12] 上校等，都屬於這類人。出身富裕家庭的孩子，例如史特拉斯堡珠寶商家庭之子的亞柏・米榭（Albert Michel），也投身軍旅，他在第一次世界大戰勝利後的 1918 年至 1925 年間，組建並指揮駐紮於阿

11　譯注：應指路易斯・莫追（Louis de Maud'huy）。

12　譯注：應指狄奧多・普美格（Theodore Puymaigre）的兒子亨利・普美格（Henri Boudet de Puymaigre）。許多資料顯示亨利・普美格的軍階僅至步兵中校（Lieutenant colonel d'infanterie），但作者在原文中確實表明為上校（le colonel）。依亨利・普美格後來發展曾任巴黎市議員，可能造成作者高估其軍階。

爾薩斯和摩澤的憲兵部隊。還應該注意的是，軍隊在社會向上流動所扮演的角色；像前面提到的保林就晉升到將軍。

工業與金融領域裡，也有不少阿爾薩斯和洛林人。在實業家中，也可以舉出幾個人的名字，像是在東北部從事鍛造及鋼鐵業的艾德蒙・古德休（Edmond Goudchaux）、煤氣公會的路易・古茲（Louis Goetz），在諾曼第和弗日從事紡織業的有位於弗日山塔翁的雷德林（Lederlin）家族，在南錫從事工業生產的有富爾德（Fould）家族（冶金）、弗興休爾茲（Fruhinsholz）家族（木桶製造）、多恩（Daum）家族（藝術玻璃），以及威葛蘭（Vilgrain）家族（麵粉廠）。20世紀初，路易・威葛蘭（Louis Vilgrain）成為南錫商會會長。而在各金融機構中，值得注意的應是阿爾薩斯興業銀行（Société générale alsacienne de banque，簡稱 Sogenal）[13]。許多藝術家和音樂家也出自這塊「失落的行省」：出身梅斯的珠寶設計師亨利・韋維（Henri Vever）、雕塑家艾曼紐・漢諾（Emmanuel Hannaux），作曲家則有笳比耶・皮耶涅（Gabriel Pierné）、原籍為梅斯的安柏瓦茲・湯馬斯（Ambroise Thomas），以及原籍為迪厄茲的古茲塔夫・夏本特（Gustave Charpentier）。

13　譯注：原為法國興業銀行於史特拉斯堡的分行，在阿爾薩斯－洛林地區被兼併，而德國政府為推行德意志化運動下，被迫將分行轉為阿爾薩斯本地的獨立機構。

　　在聖－迪耶（Saint-Dié）和南錫的神職人員中，有很多人原籍是阿爾薩斯。塞巴斯蒂安・厄亞休（Sébastien Herrscher）主教是朗格勒（Langres）教區主教，隨後前往塔布（Tarbes）和盧爾德（Lourdes）任職，他在位於波河（le gave）河岸的盧爾德，常常以德語接待說德語的阿爾薩斯和洛林朝聖者。

　　對於左派阿爾薩斯人與支持共和思想者，共濟會是連結他們的重要存在。流亡的共濟會員在1872年9月8日舉辦一場盛大儀式後，成立屬於法國大東方社（Grand Orient de France）之下的阿爾薩斯－洛林會所。這場儀式集合500個會所，將近5,000人參加，每個人都在他們的會所旗幟後列隊。由古茲塔夫・達爾薩斯（Gustave Dalsace）擔任首位會長；在會員中，有教育聯合會（Ligue de l'enseignement）發起人讓・馬賽（Jean Macé）、雕塑家巴托第（Bartholdi）[14]、出自費希[15]妻子娘家的希斯勒等人。而洛林人中，則有在1870年之前就成為梅斯共濟會員的艾德蒙・瓦卡（Edmond Vacca）、古德休及瓦夫海耶等人，出現在這個會所。該會所直到1914年都仍然持續運作，不僅聯合愛國教師，並在共濟會活動裡，將愛國主義和理想人道主義加以結合。

14　譯注：全名為弗雷德里克・奧古斯特・巴托第（Frédéric Auguste Bartholdi），美國紐約自由女神像的創作者。

15　譯注：詳見第二章。

阿爾薩斯－洛林會所共濟會員的觀點

「法國的問題和阿爾薩斯－洛林的問題並不是兩個問題，而是一個問題，簡言之，就是我們對母土的歸屬，我們所為、所寫、所負的公民義務，只源於母國的最高利益。

我們經常在同胞面前，提起阿爾薩斯－洛林的沉痛遭遇，並不是要呼籲大家訴諸武力，而是要喚起大家的愛國意識。我們始終記得《法蘭克福條約》造成的割裂。我們的國家應該記得這件事，好讓我們能永遠捐棄黨派恩怨、國內分歧和個人對立。

我們要相信未來能撥亂反正，我們要求的是糾正被偏離的正義，而不是民族既有寬容所排斥的仇恨嘶吼，更應該是出自我們的公民意識、因付出而得的欣喜、對國家生存的高呼。……

每個月第二個星期四要舉行一次會所聚會。這個聚會和其他的聚會無法相比，也絕不相同。……令人動容的心情充斥在所有人的心中，也讓我們記住不在場的眾人：從母國分離的阿爾薩斯－洛林，他們對母國是那麼忠誠、那麼熱愛。法國所承受龐然而沉痛的陰影，讓所有人都不得不重視。……」

在阿爾薩斯－洛林會所的報告

巴黎，余果尼斯（Hugonis）共濟會印刷所，

1891 年，頁 19-20

　　要觀察這些從失落的行省出來的人們如何快速融入新生活，南錫是最適合的城市。近期由海倫‧西卡－勒那提耶（Hélène Sicard-Lenattier）的書中顯示，他們在南錫所有的各種活動中都扮演積極角色。規模不大的新教社區因為梅斯的胡格諾教徒，以及阿爾薩斯的路德教徒及牧師到來而壯大不少。一些阿爾薩斯教會在這個洛林公爵之城開設聚會所，而阿爾薩斯和洛林人彼此也都找到屬於他們的社團，像是高歌頌揚法國的阿爾薩斯－洛林合唱團，也漸漸參加社會上的各種活動。這種參與和親近維繫著與地方的聯繫及特別的情感，例如距「慘敗之年」將近四十年的 1909 年舉辦的法國東部國際博覽會，就有由「失落的行省」展示的場地！其中一個引人注目的地方，就是將一個真正的阿爾薩斯村莊住屋拆解後，再一磚一瓦地於會場重建，用以展示該村落的重建工作。這是一位原籍阿爾薩斯的南錫法官路易‧史多菲（Louis Stoffel）發起並募款完成的，這個具有廣告效果的展示，將阿爾薩斯村莊呈現在眾人眼前。博覽會期間，6 月舉行一場遊行活動，從阿爾薩斯農村來的農民全都著裝參與。阿爾薩斯日、梅斯人日，以及自史特拉斯堡與梅斯而來的專車，都舉辦得無比成功。南錫滿心喜悅地歡迎阿爾薩斯和洛林的各社團到訪，像是梅斯體育協會、洛林體育會等，都在南錫街道上擊鼓吹號地遊行著，引發熱烈回響！

　　代表對阿爾薩斯－洛林移居到法國人民的接納，最明顯

的指標莫過於在莫茲、弗日及莫爾特－摩澤等省分，所選出原籍為摩澤和阿爾薩斯的代表人數。吉爾・葛維（Gilles Grivel）的研究顯示，1871 年至 1914 年間，埃皮納爾連續好幾任市長都是由原籍阿爾薩斯的人擔任：首先要提的是從事工業經營的克里斯蒂安・基納（Christian Kiener），他也是共和派參議員，在 1870 年前就定居在弗日省；還有擔任米赫庫（Mirecourt）[16] 市長，職業為公證人的斯坦尼斯拉斯・梅克隆（Stanislas Merklen）；擔任宏貝維耶（Rambervillers）[17] 市長的醫生拉迪耶（Lardier），原籍是馬瑟沃（Masevaux）[18]。身為費希友人與支持者的弗日省長保羅・柏涅，出身阿爾薩斯，兒子馬克・柏涅（Marc Boegner）後來成為牧師，並長時間擔任法國新教聯合會（Fédération protestante de France）負責人[19]。紡織業業主大部分都和阿爾薩斯有關係，可以舉例的有康茲（Krantz）、朱利亞德（Juilliard）、莫里斯・肯普夫（Maurice Kempf）等。在弗日山塔翁（Thaon-les-Vosges）創辦紡織工廠，並擔任負責人的阿爾蒙・雷德林（Armand Lederlin），在 1907 年被選為弗日省議會主席。

16　譯注：弗日省內市鎮。
17　譯注：弗日省內市鎮。
18　譯注：上萊茵省市鎮。
19　譯注：約自 1929 年至 1961 年。

　　年復一年，我們觀察到移居人口迅速融入各地，第二代中的代表人物更為明顯；而他們和父母出生土地的聯繫卻日益淡薄，自然而然將注意力放在身處的法國社會，可以舉出許多流亡者的子女作為證明，像是馬克・布洛赫（Marc Bloch）[20] 和羅伯・德布雷（Robert Debré）[21]。

　　我們是不是可以說阿爾薩斯影響法國社會？這種影響在東部比在巴黎更加微妙。阿爾薩斯小酒館帶起一陣風潮，讓阿爾薩斯料理、菜式及釀製的葡萄酒眾所周知，許多小酒館都開在巴黎東站周圍，其中由里歐那・力普（Léonard Lipp）經營，位於聖日耳曼大道上的酒館，就是最好的代表。耶誕樹的習俗也是由阿爾薩斯人帶起的，這個風潮很快就傳播到法國北部。耶誕樹活動成為各社團的重要活動，1909 年在巴黎有 3,500 人圍繞著一棵來自弗日山的漂亮巨大冷杉，有許多名人也在其中，像是希斯勒、瓦夫海耶、阿爾康，圍繞著這棵樹的，還有許多收到玩具作為禮物的孩子。這一年，許多耶誕樹活動在各地舉辦，像是勒瓦盧瓦－佩雷（Levallois-Perret）就是其中之一。

20　譯注：法國當代歷史學家，被譽為年鑑學派創始人，於第二次世界大戰時投身法國反抗軍，被捕後遭納粹槍決。有 6 名子女，長子亦於二戰時加入反抗軍，戰後成為法官。

21　譯注：法國醫生，被譽為現代小兒科之父。子女投身法國醫、政界，長子米榭曾任第五共和總理，亦為法國第五共和憲法起草者。

阿爾薩斯－洛林地區的感受和報復的情緒

在德法兩國間，阿爾薩斯－洛林地區被兼併所造成的裂痕似乎難以消除。在法國人看來，德國統治沒有合法性，因為拒絕讓阿爾薩斯和洛林人行使他們的權利，同時也是粗暴強制德意志化、驅逐、妨礙自由的同義詞。阿爾薩斯這個「美麗的花園」，屈膝於俾斯麥的「獨裁」之下，忍受著「墓園中的死寂」。

總是想要報復是法國人的自然反應，這種渲染力大又具有情緒性的想法都顯現在一些言論、流行歌曲，以及一般或是藝術品上象徵性的飾紋中。能否實現？法國人是不是準備好要投入，並發起一場無法預知結局的新戰爭？即便在 1870 年曾是國防政府靈魂人物的甘必大，也明白表示不應肆行報復。他在瑟堡（Cherbourg）[22] 發表的言論中，還是這麼寫到：「真正的修復應該要依法而行。」然而，他還是公開表示：「心中長記，但保緘默！」那些「失落的行省」仍然深藏在他的心中。在某個 7 月 14 日 [23]，他私下告訴德胡萊德：「阿爾薩斯－洛林！值得我們以生命託付！」大家知道他在 1882 年鼓動成立愛國者聯合會，有一些政府中的共和派人士都參與這個聯合會。甘

22　譯注：法國西北部諾曼第大區芒什（Manche）內的一個市鎮。

23　譯注：1789 年 7 月 14 日巴黎群眾攻占巴士底監獄，引發法國大革命，也開啟日後法國共和體制，後被定為法國國慶日。

必大於 1882 年 12 月 31 日以 44 歲之齡早逝，在他葬禮的前一夜，就是由一些阿爾薩斯和洛林人守靈，並且在葬禮中，阿爾薩斯和洛林各社團代表就站在大量參與人潮中領頭的位置。迎娶阿爾薩斯人厄珍妮‧希斯勒（Eugénie Risler）為妻的費希，就勸慰同胞們要有耐心：要「等到命運鐘聲響起的那一刻」。這句表達審慎態度的話，連曾任法國總統的朱爾‧格維（Jules Grévy）都贊同——而格維也在居庸‧史耐貝雷（Guillaume Schnaebelé）警官遭德國逮捕，引發的後續法德危機中表現出這種態度 [24]——這種說法也被法國政府中大部分共和派所採納，並且沒有排除和德國妥協。但是如此論調卻難以見容於群眾，反對費希的聲浪四起，許多非常偏頗的指責也指向費希，由「費希就是俾斯麥」這句口號就能看出這些情緒。人們從 1887 年 4 月至 5 月的危機和史耐貝雷被捕事件中，感受到這種情緒，接著支持布朗熱主義運動興起。部分對布朗熱支持的群眾，就因為他不放棄阿爾薩斯－洛林地區言論，凸顯出保守謹慎的共和政府與心情急切群眾之間的鴻溝，這位「復仇」將軍敢於對俾斯麥強硬以對，高舉大旗，並代表愛國的希望。

24　譯注：1887 年 4 月，德國在德、法邊界以間諜罪嫌逮捕法國警官史耐貝雷，造成法國舉國不滿，在阿爾薩斯－洛林地區被併後加上此事的新仇舊恨，兩國面臨宣戰邊緣，後在格維領導的法國政府自制下，德方釋放史耐貝雷，事件以和平落幕。

德胡萊德，〈號角響起〉

我凝視著邊界

且，低頭，像一頭耕牛，

我在夢裡看到完整無缺的法國，

從梅斯的城牆到史特拉斯堡的鐘樓。

一夢十年，

未曾中斷，

上帝會守護著偉大的法國，直到完成這個夢想的那天！

而我，我僅僅是那個吹動號角的號手。

德胡萊德，《行進和號音》

（*Marches et Sonneries*），1881 年

　　布朗熱將軍在政治上失利後，在情人瑪格麗特・德・邦尼門（Marguerite de Bonnemains）位於比利時以克塞爾墓園（Cimetière d'Ixelles）的墳墓旁自盡，原本激昂的風潮獲得緩和。明顯在其中扮演積極角色的那些民族主義者，像是德胡萊德的愛國者聯合會，仍然維持他們的想法，未受影響。而在大眾意見中，「失落的行省」分量不再，以阿爾薩斯－洛林地區為題的文學作品陷入低潮。在領導人裡，沒有人真的想要發動復仇戰爭。軍方定位也以防衛為考量，一旦德國突然發動奇襲，就要保衛法國。加強東部地區的防禦工事，主要反映的就是這種想法。法俄聯盟條文中也表示，如果法國一旦發動

復仇戰爭，俄國將拒絕提供支援。整體而言，法國大眾和輿論接受既成事實，但卻不會承認；這也是針對德國的敵意一直沒有改變的原因。整個法國政府都在注意這種心態；人們能對德國以鄰國關係對待，從事商業往來，法國資本家也可以和德國資本家做生意，而德國也受邀參加 1900 年在巴黎舉辦的國際博覽會。不過，法國政府卻完全不敢和德國進行相關政治協議的談判：任何一位德國領導人訪問法國，或是法國領導人訪問德國，都是不可能的事。任何政治人物在處理德國事務時 —— 有時候可能還會碰到要讓步的情形 —— 最好都要注意這種微妙複雜的反抗情緒。凡膽敢逆此而行者，像是莫里斯‧胡維耶（Maurice Rouvier）[25] 和約瑟夫‧卡約（Joseph Caillaux）[26]，尤其是後者在 1911 年的作為，兩人都學到教訓。

　　信仰社會主義者是在 1905 年工人國際法國支部（SFIO）[27] 成立後，才整合在一起。法國社會主義者都奉國際主義為尊，

25　譯注：曾任法國總理，因兼任外交部長，曾於 1906 年參與為解決因第一次摩洛哥危機，致使法、德兩國摩擦的阿爾赫西拉會議（conférence d'Algésiras），後簽訂協議。

26　譯注：1911 年任法國總理，並因第二次摩洛哥危機與德國談判，簽署法國民眾認為偏向德國的協議，又加上談判並未告知當時的法國總統，引發輿論譁然，並於 1912 年被迫辭職。

27　譯注：Section Française de l'Internationale Ouvrière，法國社會主義陣營原因不同社會主義思想流派而各有支持者，1905 年工人國際法國支部成立後各流派支持者及政黨才整合，亦為法國共產黨前身。

而第二國際[28] 中以德國社會民主黨人占最多數，也最有影響力，具有主導地位。法國社會主義者中，持民族主義者譴責這些參與第二國際者聽任德國人左右，而棄阿爾薩斯和洛林人於悲傷之中。但是來自右翼具有爭議性的抨擊，不該掩蓋一些有些許不同立場者的觀點。也許社會主義者可能摒除採取報復性戰爭，並且排拒德國軍國主義者，他們期待能讓阿爾薩斯－洛林地區的問題，隨著兩國政治進展而取得一個公道的解決方案。也就是說，或許只要社會民主黨人取得執政權，他們將會以公正的態度對待法國民主人士提出合法修正問題的要求。讓・茹海斯（Jean Jaurès）[29] 就曾說過類似的話。但是這種原本樂觀的看法和信心，從 1912 年開始就被法國具有民族情緒者，甚至是民族主義者的作為打破。政府領導人身邊的社會主義知識分子中，有許多人出身阿爾薩斯並了解德國，特別是安德勒和呂西安・埃赫（Lucien Herr）。他們對社會民主黨領導

28　譯注：1864 年國際共產主義支持者為聯合各國工人，成立國際工人協會（Association internationale des travailleurs），隨後於 1876 年解散，當時並未有「第一國際」的稱呼；1889 年，以各國社會主義政黨為主而成立的社會主義國際（Internationale socialiste），是為第二國際。因為第二國際的產生，於是將之前的國際工人協會稱為第一國際。而後在蘇聯與列寧主導下成立的共產國際（Internationale communiste），亦稱為「第三國際」。

29　譯注：法國社會主義者，主張社會民主主義，以工黨代表當選法國國會議員，並參與工人國際法國支部的設立。

人與工人對法德戰爭的可能態度不抱幻想，反倒寧願希望能同意阿爾薩斯－洛林地區真正自治，也就是說賦予這個地區等同於聯邦中其他邦一樣的地位。但是，從他們對德國社會民主黨人在帝國議會提出表決《1911 年基本法》的分析看來，顯示距離這種要求還十分遙遠。

　　從各方面而言，透過學校也許是現存能有效讓人記住阿爾薩斯－洛林地區的方法。在小學各教室的牆上，畫著用特別顏色凸顯出阿爾薩斯－洛林地區的法國地圖，讓年幼學生能看到這幅地圖。都德寫作的〈最後一堂課〉、各本歷史書，其中發行最多的《小拉維斯歷史讀本》[30] 的最後一章，就著重描寫 1870 年戰爭，寫「慘敗之年」、晦氣的《法蘭克福條約》及之後的結果。在各個讀本裡，最突出的就是都德感人的筆法，他描寫在阿爾薩斯小學裡上最後一堂法文課的情景。流傳最廣的讀本名為《兩小遊法國》（*Le Tour de France par deux enfants*），講述兩個洛林人，朱利安·沃登（Julien Volden）和哥哥 [31] 遊歷法國的故事；這兩個小男孩為保留身為法國人，「越過加固防守的城門，人稱『法國之門』」，離開被併的市鎮法爾斯堡（Phalsbourg）！因為受惠於多次改編，這本書幾

30　譯注：*Petit manuel Lavisse*，為法國歷史學家歐內斯特·拉維斯（Ernest Lavisse）為法國小學生所寫的歷史讀本。

31　譯注：名為安德·沃登（André Volden），兩人分別為 7 歲和 14 歲，父母俱逝。

十年來一直被學校採用。在一般群眾中，對於歌名或歌詞能引人聯想的，像是〈阿爾薩斯的小學導師〉（Le Maître d'école alsacien）、〈德國之子〉（Le Fils de l'Allemand）、〈來自法國的燕子〉（L'Hirondelle qui vient de France）等歌曲，都能引發大眾情感，讓人印象深刻。我還能在現存年紀最長的世代中，聽到他們吟唱這樣的旋律：

> 「你們將無法真正擁有阿爾薩斯和洛林，
>   無論如何，我們仍是法國人！
>   你可以將這片土地變成德國的，
>   但我們的心，你永遠也無法改變！」

這首歌[32]由皮夏（Peschard）[33]於 1871 年《法蘭克福條約》簽訂後數週創作，之後在巴黎「黃金城」（l'Eldorado）[34]歌廳演唱。由於這首歌完成的日期就在《法蘭克福條約》簽訂後不久，被認為是痛苦的吶喊、是想要抹去那個無法承受和改變的事實，更不願承認；在隨後的幾十年，它又被當成復仇之歌。

法國社會對阿爾薩斯和阿爾薩斯人有一種特別的情感，那

32　譯注：歌曲全名為〈阿爾薩斯和洛林〉（Alsace et Lorraine）。

33　譯注：全名為 Auguste Jacques Étienne Peschard，法國歌劇歌手。

34　譯注：西班牙語，原意為黃金城，位於巴黎第四區。

種情感是今天的我們很難想像的。舉例來說，在 1888 年，路易‧巴斯德（Louis Pasteur）[35] 讓一位被感染狂犬病的狗咬傷的阿爾薩斯男孩約瑟夫‧梅斯特（Joseph Meister），因為接種疫苗而治癒。此事再加上把那位男孩從狂犬病中拯救出來的這位大學者，一時之間讓大家的情緒為之高漲。

法、德間的新邊界

這條新的邊界從盧森堡大公國到瑞士共長 285 公里。這條邊界的存在本身就是一道讓人難以忍受的傷害。沿著「藍色的弗日山脈」，山脊上幾塊界石標示出這道邊界。每個邊界哨所都矗立著有帝國鷹飾的醒目立柱，上面寫著「德意志帝國」（Deutsches Reich）。這些立柱常常被拔掉！和一般人所想不一樣的是，這道邊界既沒有加強防衛，也沒有封閉，而是一道開放性的邊界，從道路或搭火車就能輕易跨越，只需要簡單的檢查和手續。自 1887 年至 1891 年間，德國要求要有護照，但這項文件卻故意拖很久才發放。這種討人厭的措施很快就被德國皇帝威廉二世廢除，只有現役軍人需要遵行。在法國軍隊服務的莫里斯‧龐日（Maurice de Pange）伯爵每個夏天都要回

35　譯注：法國微生物學家，提出減毒微生物可作為預防接種疫苗之說，並藉此研製狂犬病疫苗，治療病例成功。

到在梅斯附近的封地；在儀節上，他有時候不得不接待一些普魯士官員，這些官員對於他沒有一直守在自己的封地上甚感驚訝。

守著這道因政治、軍事、海關設立邊界的，有一些海關人員和專門警察。每一邊都設有邊界警察局，負責監看來往的人們與蒐集情報。他們非常注意皇帝巡行，對皇帝的巡行報告會寫得非常詳細。像是在 1914 年 5 月 15 日德國皇帝威廉二世訪問孔夫朗－雅尼（Conflans-Jarny）的報告中，就顯示有幾位薩克遜親王和巴伐利亞的將軍陪侍在側。

在巴黎往摩澤一線上的摩澤河畔帕尼（Pagny-sur-Moselle），和巴黎往史特拉斯堡一線的德意志－阿夫里庫爾（Deutsch-Avricourt），這些在當年大多人盡皆知的邊界城市地名，現在幾乎都沒有什麼人記得了。在邊界哨所裡，不論是法國或德國的專門警察，都布建各自的諜報網。有一個名字記載在歷史上，就是自 1871 年至 1887 年間駐守摩澤河畔帕尼哨站的警官史耐貝雷。1887 年 4 月，他落入一位德國警察在接近邊界設下的圈套，遭到俾斯麥下令逮捕，被移送到在梅斯的監獄，不過很快就被釋放。於 1871 年至 1914 年間，這是一起非常嚴重的事件，緊張狀態持續數日，期間大家都擔心可能引發兩國戰事。諜報活動是日常存在，恐諜心態也成為社會病態。在法國，大家認為到處都可以看到德國間諜，實際上間諜確實存在，卻很難被發現。其中只有一個被發現的案例處理得最好，是一位南

錫律師的兄弟，直到 1918 年才被揭發、逮捕並判刑！

　　這些流亡外地者希望能實現的夢想，就是再回來探訪阿爾薩斯。當年輕的羅伯經過邊界時，就表達出他滿心期望的情緒，想要再看到弗日山上松樹、再回到原來的村莊、看到熟悉的景色、看到家人和朋友時的那種喜悅。但是年復一年，他只能看著這些自己珍惜的事物越來越遙遠。在這些邊界地區裡，最為人熟知的是溝谷嶺（Col de la Schlucht），人們常常會在那裡拍攝彼此相對而設的法國和德國海關，以及把腳跨入法國領土的德國遊客。

　　因為不願意在帝國軍隊當兵而離開的人，有時會冒險偷偷回來。原籍在梅斯，後來遷住南錫的藥學教授保羅・讓德利茲（Paul Jeandelize），在某天就和我說，他曾經為了看望住在梅斯的叔叔亨利・讓德利茲（Henri Jeandelize），而步行穿過葡萄園，越過在帕尼[36]的邊界，從來沒有被逮捕。有些人的運氣就沒有這麼好了，在被鄰居告發後，以逃兵被捕入獄，有時還要經過許多年才會被釋放。

　　這道邊界是一種煎熬，是對而今分別居住在國境兩側的家人強加的不合理隔離。阿爾薩斯是大家心中珍惜的想念，就如同費希在回憶時曾表示：「堅韌的阿爾薩斯是我們這些戰敗者心中所繫。」

36　譯注：應指摩澤河畔帕尼，一般簡稱為帕尼。

表現和象徵

阿爾薩斯－洛林地區之名無所不在，而阿爾薩斯通常更勝洛林，洛林僅居其次。在洛宏斯・杜禾提（Laurence Turetti）寫作的書中，就蒐集許多關於這方面的資料。人們最先想到的印象有哪些？首先是阿爾薩斯的田野，那是一片美好景色，有著傳統木造房舍的村落坐落其中，一些身穿當地服飾且顯而易見是本地的居民穿梭其間。但真正的日常生活並不是這樣，阿爾薩斯年輕女孩穿戴的正式頭飾，只是當地代表性的象徵服飾罷了，就像我們會以聖奧迪勒山（mont Saint-Odile）和史特拉斯堡大教堂作為代表一樣。

那些帶有阿爾薩斯和洛林風格的半藝術、半應用物品四處可見，而且在市集中很受歡迎。人們可以買到有著阿爾薩斯或洛林圖案的桌巾，邊緣還寫著「雪恥」字樣。在其他方面，還有一個玻璃工藝品製造商勒格拉斯（Legras），原設於弗日省，在達尼森林附近的克洛東（Claudon），後來於 1864 年由弗朗索瓦・勒格拉斯（François Legras）遷往聖德尼（Saint-Denis）[37]，1900 年時成為法國最大的玻璃工藝品製造商之一，雇用工人達到 1,400 人。在它販售的眾多商品中，可以看到一

37　譯注：為巴黎周邊的省分，和巴黎同屬於法蘭西島大區（Île de France），
　　該大區因為包括巴黎，又被稱為巴黎大區（Région parisienne）。

些用無色玻璃製作，有著裝飾並用於盛裝無色酒精飲料的瓶子；這些瓶子以洛林、阿爾薩斯、梅斯為名；以梅斯為名的瓶子上，刻著一個手執斷劍的女人……那些重要的藝術家也同樣投入製作反映現實情況作品：羅丹博物館收藏著日期標示為1871年兩座代表阿爾薩斯的半身雕像；但這兩件作品並非這位藝術家最獨特的作品！

民族主義政論者杜夸克走訪科瑪

「在阿爾薩斯有一座城市，城市不大，卻是眾人口耳相傳。……它既沒有史特拉斯堡占地那麼廣闊，也不像米路斯商家林立，那是一個坐落在河邊且舒適而安靜的小城。……所有的旅人都會在此駐足，一定會在那裡尋訪到一座博物館、看到一些讓人眼睛一亮的屋頂，這些屋頂只有在那裡才能看到，還有許多自中世紀和文藝復興時代遺留至今的屋舍。……

在科瑪這個法蘭西之地有一些德國家庭，這些家庭的孩子在家裡只講法文，而那些穿著法蘭西服飾的少女，會跟著每年7月14日從貝爾弗來的阿爾薩斯群眾，一起對著法國軍隊歡呼。……那塊土地正在演繹著自己的奇蹟。

在晚間的廣場公園，舉辦一場慈善晚會，聚集著阿爾薩斯人和德國人。科瑪市政府做出讓雙方和解的嘗試，參加官員的數量甚多。……年輕的阿爾薩斯人小心翼翼地接近

彼此。……心裡想著要等到什麼時候才能邀請這些小姐，並和她們一起跳舞？他們都有相同的心思，害怕被拒絕，也讓這場晚會變得有點冷場。

但是這時有一位龍騎兵[38] 軍官，相較於同伴，他顯得更為直率且開心，他看到諷刺漫畫家漢斯（Hansi）[39]，對方的身形高大，就像是史特拉斯堡的教堂塔尖一樣，老遠就能被看到，他還被介紹給這位曾嘲弄他同僚的阿爾薩斯藝術家，兩人還彼此熱情地握手。……科瑪給人的印象是一個有著許多保持自己想法，並享有行動自由的阿爾薩斯人聚集的城市。至於梅斯，人們以耐性、頑強、堅忍痛苦的反抗著；在威森堡，人們則是慓悍地抬頭挺胸；然而在科瑪，反抗的精神仍然十分警醒而自制；以開玩笑或嘲諷的說法就是，這是科瑪人表現出對戰勝者不在乎和優越感的方式。」

杜夸克，《癒合不良的傷口》

（*La Blessure mal fermée*），頁 149-153

38　譯注：即以騎馬代替步行行軍移動的步兵軍團，有別於純粹於馬上作戰的騎兵。

39　譯注：本名為讓－雅克・華茲（Jean-Jacques Waltz），阿爾薩斯籍漫畫家，以「漢斯叔叔」（Oncle Hansi）為名，創作諷刺批評德國的漫畫，而成為法國知名漫畫家。

　　阿爾薩斯和洛林身處於一片城市景象之中，尤其是一些有著街道、廣場、阿爾薩斯－洛林庭院，以及史特拉斯堡、梅斯、米路斯或是科瑪的大道或大街的新建城區。紀念性建築較少，我們可以想想南錫的紀念性建物、史特拉斯堡的雕像、巴黎的協和廣場，還有許多有著愛國和政治意義的類似地標。當洛林還屬於法國時，在弗日省常會看到許多具有阿爾薩斯和洛林風格的小地區，例如帝璽與尼德布龍企業曾在呂內維爾建造一個工廠，所有住在這個新區的居民都稱這個區域為尼德布龍區；至今這一區都還被這麼稱呼。1909 年 5 月至 11 月，在南錫舉行盛大的法國東部國際博覽會上就對阿爾薩斯致敬：博覽會組織者從阿爾薩斯把一幢阿爾薩斯房舍拆解後，再運送到展覽場，一磚一瓦重新蓋起一模一樣的房子。人們還讓阿爾薩斯的男男女女穿著他們的服裝舉行一場遊行，這場遊行大獲成功！人們還期待隨後兩天的阿爾薩斯日和梅斯日，以幾列專車載送遊客前往南錫。

　　在藝術方面，原籍阿爾薩斯和洛林的藝術家紛紛受到讚揚。在這些阿爾薩斯和洛林藝術家之中，還特別介紹 1905 年的南錫，人們可以聯想到的是玻璃藝術家賈克‧居伯（Jacques Gruber）、畫家艾彌兒‧費庸（Émile Friant）、木雕版畫家奧古斯特‧耶伯斯特（Auguste Herbst）。來自聖雷歐納（Saint-Léonard）的畫家暨雕刻家史賓德勒幫何內‧巴贊（René Bazin）所寫的小說《奧伯勒家》（*Les Oberlé*）其

中一個版本繪製插圖。玻璃藝品製作家艾彌兒‧加萊（Émile Gallé）的母親、妻子及一部分親戚都是阿爾薩斯人，在他的作品裡常常會看到洛林十字架（La croix de Lorraine）和有關阿爾薩斯的意象。在 1889 年世界博覽會時，加萊就展示出一大張有著鑲嵌桌面的桌子，命名為「萊茵河將高盧從日耳曼尼亞分開（Le Rhin sépare la Gaule de la Germanie）」，這張桌子代表的就是對「失落的行省」實際的注解與象徵。[40] 而在他送給岳父丹尼爾‧吉姆（Daniel Grimm）牧師的一件家具上，加萊繪製「精神成果」，以紀念岳父五十年來的牧師生涯。

　　報紙、期刊及文學出版品也在其間有著影響，但是這些影響能否留在大家的印象和記憶中，卻很難評估。一些專門發行的媒體，像是阿爾薩斯－洛林人，或是由亞柏創立的週刊《阿爾薩斯－洛林信使》，就是針對流亡到外地者和他們的後代所發行。這些媒體因為在史特拉斯堡與梅斯有和他們合作的人，以化名提供消息，因此他們對這些地方發生的事，很快就會得知。例如，撰寫者署名為讓－朱利安的「穿越舊日梅斯城」專欄文章，是由檔案管理員巴貝所寫。這些報紙訴求對象是

40　譯注：「高盧」和「日耳曼尼亞」均為歐洲古地名。前者約為今日的法國、比利時、盧森堡、瑞士、義大利北部，還有部分荷蘭及萊茵河以西的德國；後者為多瑙河以北及萊茵河東、西岸。兩者部分重合，因此加萊以此為名，主要是以「高盧」凸顯屬於法國的土地，應由日耳曼尼亞分出。

那些已經相信他們報導的人們；值得注意的是，他們的文章
有時還會被一些更大的媒體機構轉載，更多元的群體或不太
關注阿爾薩斯－洛林地區的人都會讀到。在這些巴黎知名媒體
中，包括《時代》、安德·哈雷（André Hallays）的《議題日
報》（*Le Journal des débats*），還有長時間在阿爾薩斯－洛林
地區和保羅·布松（Paul Bourson）一起被禁的《晨報》（*Le
Matin*），這些媒體都很注意在地方的安排聯繫通訊，用以蒐
集資訊。《十字架報》（*La Croix*）是唯一一家傾向天主教事
務的報紙。在期刊之中，要注意的是《跨界評論》（*La Revue
des deux mondes*），這本雜誌於 1904 年刊出巴海斯撰寫的〈東
方堡壘〉（Bastions de l'Est）一文；還有刊出關於阿爾薩斯
人保羅·厄門（Paul Ehrmann）小說故事結局的《通訊》（*Le
Correspondant*）雜誌。

　　東部地區媒體比中部和西部地區更認真投入相關報導。在
南錫的各報刊，不論立場偏向左派或右派，針對相關德國作為
的描述都傾向負面，他們筆下的阿爾薩斯－洛林地區都一直處
於普魯士的壓迫下：「很難想像那是一種帶有破壞力的迫害」
（《東之星》〔*l'Étoile de l'Est*〕，1910 年 2 月 22 日）。所有
的批評都針對《1911 年基本法》：「首要的暴虐即以法行之」
（艾彌兒·韓澤林〔Émile Hinzelin〕，《東之星》，1911 年
1 月 10 日）。《東方之光》（*l'Éclair de l'Est*）也不遑多讓：
「被兼併地區的人民竟如此被對待！」（1907 年 9 月）。「此

前或往後，在阿爾薩斯和洛林的人們就一直是卑微且仰人鼻息的戰敗者」（1911 年 1 月 7 日）。所有評論都是負面的：「事實上，阿爾薩斯－洛林地區的經濟在四十年來一路下滑，伊于胡底」（《東之星》，1914 年 4 月 9 日）。在他們的眼中，這個大錯或許都是自找！在《共和東部報》（l'Est Républicain）的字裡行間，城市規劃並未帶來任何好處，《共和東部報》寫道：「瘋狂的大興土木只是在討好德國政府，更有模有樣地建造一堆讓當地居民看不下去的醜陋地標」（1913 年 1 月 29 日）。政治人物被視為德國特務。梅斯帝國議會代表，也是社會黨的阿爾薩斯人喬治・威爾（Georges Weill）曾被草率地描述成：「（他）很明確就是政府最中意的人」（《共和東部報》，1912 年 1 月 21 日）。不過 1914 年 8 月，威爾還是選擇了法國！[41] 而阿爾薩斯－洛林天主教中央黨[42] 則表示：「總之，只能隨著德國魔笛師吹奏的普魯士中央黨旋律起舞」（《星辰報》〔l'Étoile〕，1913 年 10 月 9 日）。威廉二世為

41　譯注：威爾於 1914 年夏天前往巴黎，在第一次世界大戰爆發時，宣布加入法國軍隊，表示對法國的忠誠。與此同時，他被帝國議會取消代表資格，也被德國社會黨除名，更在缺席審判中，被德國戰爭法庭判決死刑。他後來在法國軍隊裡擔任聯絡官，1917 年晉升為上尉。

42　譯注：德國中央黨為表示該黨尊重阿爾薩斯－洛林地區本地民眾意見，於是以「阿爾薩斯－洛林天主教中央黨」為名，成立地方型政黨。詳見第四章。

了贏得地方人心和了解地方需求的出訪事蹟，被寫成精彩文章，卻被大家拿來嘲弄──認為這些都是弄巧成拙之舉。有時在帝國國慶時，對於前來參加慶典和餐會的德國貴族到訪，以及在各城市中舉辦熱烈歡迎儀式與裝飾，都被人們冷眼以對。

　　所有這些事要在民族情緒和意識形態的偏見下加以檢視，造成的不只是對實際情形多不勝數的錯誤，而且同樣會在判斷上導致嚴重誤解。在這些經由記者廣布的成見裡，還存在一種傾向，就是強調被兼併區人們堅定的忠誠。這種在法國人聽來悅耳的說法，卻和事實全然相違。

以阿爾薩斯和洛林為素材的文學作品及其傳播

　　阿爾薩斯－洛林那時是一個用之不竭的靈感來源，我們可以將各項創作作品進行分類。首先是描寫 1870 年戰爭的，包括阿爾薩斯和洛林曾發生的幾場重要大戰、史特拉斯堡和梅斯的幾處場景，還有參與作戰人員的回憶及見證。接著是一些走訪報導與描述，強調的是德國的占領和普魯士人的惡行。原籍為梅斯的詩人保羅‧維廉（Paul Verlaine），寫下一些有關梅斯城的感人詩句，但這些並不是他最好的創作作品！

巴海斯對梅斯的有感而發，1908 年

「沒有一個地方像梅斯一樣這麼令人喜愛，一個在法國的梅斯人想起那裡的大教堂、廣闊草地、叫得出名字的狹窄街道、城牆腳下的摩澤，以及散布在山嶺間的那些村莊時，心情就會悸動不已。雖然這些人都是年長有教養、個性穩重、各有些許差異，卻仍急切想要表達他們熱切的情緒。一個過客不會以這些曾經歷戰爭城市的立場，感受到這種情緒，他們只看到圍繞著的一條宜人河流，有著一座漂亮的大教堂和一些自 18 世紀留下的遺跡。但應該要知道的是，梅斯城並不是為了滿足玩樂而存在，要用更深層的眼光才能看到它吸引人之處。它是一座代表靈魂的城市，代表法國古老、軍事及鄉野的靈魂。……

不是這座城市提醒我們命運中曾遭到的打擊斷裂，我永遠不會踏進這個已全然失去原有意義的城市。梅斯是讓我們了解自己消沉、脆弱的最好地方。在這裡，大家對於榮耀、祖國、文明都已經不再關心，這些東西都已委頓於塵土之中。……」

巴海斯，《克蕾·柏杜栩》

（*Colette Baudoche*），頁 1-5

在受到最多人閱讀的作品中，第一個應該提到的是厄克曼－夏提安（Erckmann-Chatrian）[43] 所寫的小說。在他的筆

下，大部分都描寫發生在 1870 年之前的故事，像是《特赫瑟夫人》（*Madame Thérèse*）和《1813 年新兵的故事》（*Le Conscrit de 1813*），寫作的內容主要圍繞著阿爾薩斯和洛林人對國家的熱愛；而在《老友費茲》（*L'Ami Fritz*）中，則是把阿爾薩斯和阿爾薩斯人描寫得十分美好。信奉天主教的小說家巴贊，寫了一部關於家族悲劇的小說《奧伯勒家》。父親菲利浦・奧伯勒（Philippe Oberlé）對法國的忠誠非常堅定，但他難過地發現，兒子竟因為過於理想化和考慮到企業利益，轉而向德國人妥協。幸好預計接掌公司的孫子讓・奧伯勒（Jean Oberlé），拒絕父親所做的妥協，重振家族榮譽。在德國軍隊服役期間，在叔叔奧希屈・奧伯勒（Ulrich Oberlé）的協助下，逃離德國軍隊。他決定越過熟悉的弗日山森林裡的邊界，在被海關發現並追捕的情況下，他仍然成功脫逃，並抵達法國。1905 年，巴贊撰寫的這部小說被搬上舞台，演出許多場次，尤其在南錫更是受到歡迎。

　　在當時最受矚目的作家，無疑是巴海斯。他的「東方堡壘」系列第一部是《在德軍中服役》（*Au Service de l'Allemagne*），講述一位年輕的阿爾薩斯人厄爾曼的故事，故事原型取材自一

43　譯注：實則為埃米爾・厄克曼（Émile Erckmann）和亞歷山大・夏提安（Alexandre Chatrian）兩位作家共同創作時所用筆名，分別用兩人姓氏拼成一個名字。

位說法語的年輕醫生布雪。人們可以在閱讀時，從書中文字裡
看到那片阿爾薩斯的高山，就是聖奧迪勒山。幾年後，巴海斯
寫下《克蕾‧柏杜栩》，是關於一個梅斯女孩的故事。故事內
容在 1908 年 11 月，即努瓦瑟維爾紀念碑 [44] 建好後一個月，
開始在《評論》（*La Revue*）雜誌上連載，完整單行本則由出
版商菲力克斯‧居馮（Félix Juven）發行。巴海斯把梅斯和在
那裡土生土長的人們——在巴海斯的筆下，稱他們為「本地
人」，對德意志化的堅決抵抗描寫得淋漓盡致。巴海斯用天
賦筆法創造出故事中的人物，並賦予他們鮮活的生命。例如保
羅‧厄門和克蕾‧柏杜栩。

在 1905 年後，我們確實注意到阿爾薩斯－洛林地區重新
在法國引起重視，像是由和路易斯‧馬漢（Louis Marin）[45]
熟識的杜夸克，創刊並推廣的《東部進展》（*Les Marches de
l'Est*）雜誌銷售量攀升。杜夸克也曾出版一本書名會讓人想起
一些事的著作——《癒合不良的傷口》，接著又撰寫一本小說
《安德麗安》（*Adrienne*），描述柏杜栩的妹妹。書中的我們
身處於《法蘭克福條約》簽訂後超過四十年的時空裡。在巴黎

---

44 譯注：1908 年 10 月 4 日在經過與德國政府交涉後，在梅斯城轄區內的
   努瓦瑟維爾建立一座紀念在 1870 年戰爭中喪命的法國軍人紀念碑。
45 譯注：法國政治人物，曾於第三共和時數次擔任部長及國務大臣職務，
   並於第四共和當選第一屆國民議會議員。

的吉爾・布拉斯（Gil Blas）雜誌社慶祝活動大廳中，當時已是知名漫畫家的漢斯，在 1910 年 7 月推出他以「對抗德國的阿爾薩斯」為名的作品展，我們只能說這一次的展覽非常成功。始終關注德國動態的歷史學家歐內斯特・拉維斯（Ernest Lavisse）曾經有感而發地表示：「法、德間戰爭所發生的事很難被掩飾」，他語重心長地請阿爾薩斯的學生致力於「推動和平，推動和解」，渴望兩國能平和的合作。

索邦大學教授拉維斯 1911 年於史特拉斯堡對阿爾薩斯學生的講話

「……你們曾對我做出表示。……你們說：『我們明白身為阿爾薩斯人的角色，就是當拉丁和日耳曼這兩個種族之間的橋梁，也就是成為這兩個國家與兩種文化之間的中介。在情勢發展下，賦予我們的這種角色……相信是要我們致力在阿爾薩斯推動和平，推動和解。』推動法國與德國之間的和平與和解，這是多麼美好的渴望！讓我不時懷想。

對於未來法國和德國之間關係發展的關心，總是讓我掛念又難以放下。

以後還會不會發生戰爭？我不知道，我不知道，沒有任何人知道！……我們有許多人都在法國，對我們而言，法、德之間戰爭發生的事很難被掩飾，這些都是痛苦和折

磨；我也清楚對許多德國人來說，這些事同樣也是痛苦和折磨。……

在兩國之間應該還有理智的同理心，這種同理心能轉化為兩國的合作，兩國各有所長的才智，剛好可以彼此互補。在有意願需要進行政治合作時，最好的地點將會是史特拉斯堡。」

有關內容以「在阿爾薩斯」（En Alsace）為題，
刊登於《巴黎評論》（*Revue de Paris*），
1911 年，頁 1-16

我們是否應該就此認為，阿爾薩斯－洛林地區仍然是現在的一個問題，並且還是法國人主要關切的問題？得到的回答恐怕會是否定的，一些像布洛赫一樣頭腦清楚的人早就感受到這種情形，除了那些出自東部軍人家庭者仍是主要的例外。1906年 10 月，[46] 撤往凡登的拉德莫爾將軍曾說：「時隔三十二年，我登上這個位於前線的哨所。今晚，我毫無倦意地從馬背上下來。……我把三個兒子、一個女婿和五個姪子都給了軍隊。」在競選活動和公開辯論中，阿爾薩斯－洛林地區極少被提起，

46　譯注：此處有疑，這裡所述拉德莫爾將軍撤往凡登，應是指第一次世界大戰他任職法國七十四步兵師指揮官，並率該師進駐凡登，參與凡登保衛戰，時間應該是 1916 年。

偶爾被提到也很隱晦，幾乎都是作為陪襯。當輿論不再關心的同時，對阿爾薩斯－洛林地區過往的回憶成為東部地區才有的特殊情懷，而等到發生薩維爾納事件（L'affaire de Saverne）[47]時，才讓巴黎再次注意並有所反應。這當然和德國的軍事威脅有關，德國的軍事威脅在1914年4月國會選舉活動中被提出，問題圍繞在是否應該維持三年役期？站在反對立場者，如茹海斯、卡約等人，認為完全沒有必要；贊成者則認為，絕對有必要取得軍事力量上的平衡，以免萬一……可以進行自衛行動，而非攻擊他人，以免重蹈 1871 年「失落的行省」覆轍。

　　越來越強大的德國從自身立場而言，當然有理由希望法國人最後能對他們俯首帖耳。然而沒有說出口的是，阿爾薩斯－洛林地區問題仍是德、法關係中的重心，對兩個國家和兩國人民而言是無法越過的障礙。

47　譯注：指 1913 年於德國九十九步兵團兩個營駐地薩維爾納，有一位中尉軍官對阿爾薩斯籍士兵進行羞辱，並發表對阿爾薩斯民眾歧視性言論，造成群眾譁然與大規模抗議，甚至引發德國開始討論社會軍國主義化及政治權力歸屬議題，使德意志帝國皇帝統治權力受創，引發政治危機，詳見第四章。

| 第四章 |

1900 年代，是對阿爾薩斯－洛林地區而言的「美好時光」？

從 20 世紀開始，報復的想法就已經在法國的民意中消退。

在阿爾薩斯－洛林地區，新一代也漸漸在不知不覺中步入成年，他們不了解法國，而且是在使用德語教學和教授德國文化的學校中完成教育。不再有成為法國人的想法後，阿爾薩斯和洛林人持續適應現實，並且傾向接受既成事實。

阿爾薩斯－洛林地區統治者：威廉二世

威廉二世在 1888 年即位，之後於 1890 年撤換俾斯麥，但這些不管是對統治政府或對被兼併地區人民而言，都未能帶來任何立即的改變。相對於年邁的祖父在取得阿爾薩斯－洛林地區後只親訪三次，威廉二世非常重視他身為阿爾薩斯－洛林地區統治者的身分。他經常來訪，每次來訪，街道張燈結綵，而

皇帝本人則在盛裝簇擁的將軍和官員陪同下，出現在人民的面前。他視察建設工地、在建要塞、1870 年舊戰場，以及主持紀念建物啟用；秋天時，又以軍事指揮官身分親臨指揮部隊演習。在威廉二世做出的最早決策中，有一項是具有安撫意義的，他在 1891 年取消由俾斯麥規定，對於進出阿爾薩斯－洛林地區要出示護照的要求，只有像是現役或退役軍人等具特定身分者，在往來法國和阿爾薩斯－洛林地區間，才需要護照這項文件。

這位德國皇帝在史特拉斯堡已經有一座皇宮供他使用，但還是希望在洛林也有一個落腳處，要求當地首長漢斯‧馮‧哈默斯坦－洛克斯滕（Hans von Hammerstein-Loxten）為他找一處住所。隱居在首西橋（Pont-à-Chaussy）的皮貨商羅曼‧桑德（Romain Sendret）勉為其難把樸素的庫澀－首西（Courcelles-Chaussy）城堡，以及與該城堡相連的土地和林地都賣給德國皇帝。威廉二世請柏林建築師波多‧艾伯哈德（Bodo Ebhardt）負責改裝修繕，並且經常到訪該地，一年都會去一次，大多是 5 月，還會在當地停留數天。他大量施惠給庫澀－首西當地村鎮，更在當地建造一座新教教堂。他鼓勵農業，並在他擁有的土地上進行現代化，而在那片土地耕作的農人比東（Bidon），還因此驕傲地吹噓自己是「御用農夫」。因為這樣，威廉二世經常前往梅斯[1]。梅斯是他喜愛的城市，希望能

1　譯注：庫澀‧首西屬於梅斯城行政區管轄。

在那裡留下一些紀念。他在那裡訪視一些工地，像是梅斯教堂
的工程，以及古羅馬競技場遺跡的挖掘工作，競技場挖掘處隨
後就被填平，用以為新建鐵路和車站騰出空間。他還推動拆除
舊城牆，更對建設新城區提供意見。

　　某天，這位德國皇帝把目光投向俯瞰著阿爾薩斯平原的國
王城堡（Haut-Kœnigsbourg）所留遺跡，在他的眼中，擁有這
座城堡具有象徵性意義，因此要阿爾薩斯－洛林地區代表委員
會將國王城堡讓予他，並提供重建所需資金，地區委員會並未
提出任何交換條件下就同意了。威廉二世信守承諾，在 1902 年
廢除俾斯麥於 1871 年 12 月 30 日加入法律中，被稱為「強制專
章」條文，該條文內容即為同意德國當局在公共秩序考量下，
得有裁量權。即便這些得以讓當局禁止並驅逐報業的內容，已
經從十年前就未曾再實施，但這項條文的存在，本身就是懸在
被兼併地區人民頭頂上的威脅，也就意味著阿爾薩斯和洛林
人是德國的次等公民。廢除這項在俾斯麥要求下所定法令的同
時，德國皇帝讓個人與團體自由往前邁進一大步。威廉二世採
取新中世紀風格重建國王城堡的工程持續數年，在 1910 年 5
月 10 日舉行盛大的竣工典禮。當日，天雨。

政府及參與政治事務代表

　　1894 年，威廉二世把阿爾薩斯－洛林地區總督霍恩洛

厄・希靈斯菲斯特（Hohenlohe-Schillingsfürst）召至柏林，並任命他為帝國首相，並由其堂弟赫曼・馮・霍恩洛厄－朗根堡（Hermann von Hohenlohe Langenburg）接任總督之職。新任總督不是一位開創性人物，他在史特拉斯堡的十三年間，統治工作放手讓國務祕書普特卡默和馬帝亞斯・馮・科勒去做。地區看來一片平靜、祥和，抗爭力量已竭，遷往法國的人潮漸稀，拒服兵役勢也不再。

政府漸趨「本土化」，而且任用阿爾薩斯人多於洛林人，因為洛林人取得具資格學歷和能申請要求高階工作的人較少。一些配合的阿爾薩斯人還獲得重要職位，史特拉斯堡基督教徒律師佩特里成為司法副國務祕書；大地主也是天主教徒的布拉赫被任命為負責農業的副國務祕書，在科勒離任前往巴黎後，布拉赫被任命為國務祕書，在任到 1914 年；布拉赫的弟弟弗朗索瓦，在 1901 年曾任史特拉斯堡籍主教芬岑的助理。在中、基層公職人員裡，阿爾薩斯人越來越多。

在強勢政府面前，地方民意代表就不太受到重視。經由間接選舉選出的小型議會，也就是阿爾薩斯－洛林地區代表委員會，是由鄉村和各產業有地位的人物組成，是一個極少討論政治，而主要針對商業方面的議會，並配合德國政府共同協作。委員會針對預算事務進行表決，或是以其有限能力提出特定立法法案。在各項非常重要的法案中，《1895 年市政制度法》就是由這個代表委員會提出的。

對於公民對公共事務表達意見徐徐進行的自由化，有利於德國政黨前來進駐。第一個是社會民主黨，即社民黨（Parti social-démocrate，簡稱 SPD），選擇史特拉斯堡作為進入阿爾薩斯的首站，接著是米路斯，然後是城市周邊各地，推動方式就是先成立自由工會和日報《自由報》（*Die Freie Presse*）。洛林則是社會黨人的目標地區，打前鋒的是原籍薩爾路易斯（Sarrelouis）擔任行動推廣員十餘年的安東・施萊科（Anton Schleicher）。他發現在梅斯與梅斯市郊遷入人口中，具有選舉權的人數比礦業和鋼鐵業工人來得多。

自由主義與進步主義分子代表的大多是德籍遷入人口、中產階級新教徒和天主教非教權主義（non cléricaux）[2] 的意見，一直以來都有祕密資金支持他們發行報刊，其中最具影響力的是立場接近阿爾薩斯－洛林地區事務部的《科隆報》（*Kölnische Zeitung*），旗下所屬《史特拉斯堡郵報》。該報長期由記者大衛領導。這些政黨和報刊中的德國民族主義傾向十分明確，對付的是仍保有自己觀點的阿爾薩斯民主人士，像是普雷斯和丹尼爾・布呂蒙達（Daniel Blumenthal）。

像是溫特雷、戈貝及西蒙尼等教士，這些在文化鬥爭中受到迫害的天主教徒，以及第一代天主教人士在選舉中被選為代表者，儘管有時並不贊同天主教中央黨意見，但是在表決時仍

2　譯注：即不支持神職人員主導大眾意見者。

會配合中央黨。自 1895 年起，在阿爾薩斯天主教高層中，一直存在一個困擾的問題：是否應該與中央黨保持一致？最後，中央黨以阿爾薩斯－洛林中央黨為其所屬地區政黨之名，才說服像是身為希博維列選出議員的教士韋特萊等態度有所遲疑人士；當選帝國議會的議員們自然就是中央黨議員黨團的成員。1907 年，中央黨成立的地區政黨在 15 個選區中的 14 個選區推出候選人，共有 9 人當選，其中 8 人在阿爾薩斯，讓中央黨成為阿爾薩斯的第一大政黨；而在洛林只有 1 人當選，因為在洛林法語區還要考慮到獨立的洛林政黨。天主教社會關懷（catholicisme social）在阿爾薩斯相當受到關注，尤其是米路斯的本堂神父瑟提。在 20 世紀初，一個跨足政治、記者的新世代神父逐漸出現，教士澤維爾‧海吉（Xavier Haegy）即為其中之一。許多原出自萊茵河兩岸地區的天主教團體，循著中央黨的發展軌跡逐漸前來。要強調的是，神職人員和親近天主教神職人員的小資產階級造成的影響，他們是構成阿爾薩斯社會的框架。首先，要談到的是神職人員鼓勵天主教徒加入的人民聯盟（Volksverein）[3]。在法國反教權運動造成對教會組織的排斥和政教分離，成為推動發展人民聯盟行動的助力。此外，

3　譯注：人民聯盟全名為「德國天主教人民聯盟」，為 1890 年德國天主教派因體察工業社會變化中社會民主思潮崛起，在政治上為與社會民主黨抗衡，決定在中央黨之外另成立人民聯盟，以天主教立場對社會議題發聲。

還要提到的是基督教工會，但是史特拉斯堡和梅斯主教對此的
態度有所保留，他們認為與其由教會控制那些天主教工人成立
的組織與協會（katholische arbeitervereine），不如只提供支持
會來得更容易。另外值得注意的，還有一些信用互助會和由合
作互助運動（Mouvement Raiffeisen）[4] 發起信貸的發展情況，
引領這項發展的是克里斯丁・安德勞（Christian d'Andlau）伯
爵。1914 年，由天主教協會組織形成的網絡覆蓋整個阿爾薩
斯－洛林地區，在這個背景下，由兩個出版組織 —— 主要的是
位於科瑪的阿爾薩西亞出版社（l'edition Alsatia）—— 主導的
德語天主教媒體，逐漸突破由法文媒體獨大的狀態，在法文媒
體的主導下，阿爾薩斯人一直把德文媒體視為外來者。而在
洛林，不論德文媒體多麼積極地以各種新面貌出現，梅斯由
《洛林報》、《梅斯人報》（Le Messin）及《信使報》（Le
Courrier）這三份法文日報為主的法文媒體，仍然擁有相當的
支持度。

漸漸成長的經濟榮景

　　從 1895 年開始，西歐經濟進入成長循環，阿爾薩斯－洛

4　譯注：指由德國人弗里德里希・威廉・萊費森（Friedrich Wilhelm
　　Raiffeisen）推動的信用合作社風潮，後來部分發展成為合作銀行系統。

林地區因而受益，當地居民們的生活水準也隨之迅速提高。

徐徐現代化的農業

　　長久以來，農業吸納大部分就業人口，而那個時候的農業還是以許多自給自足、耕地分散的小農為主。1907 年，在阿爾薩斯有 22 萬 6,000 人從事農業，占就業人口 38%；排在最前面的農產品是穀類和非食用作物（菸草、甜菜、啤酒花）[5]；畜牧業也出現明顯成長，所生產產品（牛肉、豬肉和牛乳）價值在 1913 年達到農產品總值的三分之一。阿爾薩斯的田野及美麗的農村景致給人一種繁盛的印象。但事實上，真正受益的只有一小部分農家。德國市場的開放，讓阿爾薩斯葡萄種植者找到獲利管道，於是葡萄種植就在阿爾薩斯平原上擴展開來。一位眾所公認的專家，查爾斯・歐柏林（Charles Oberlin）以之為對象進行諸多研究。歐柏林也是為了對抗葡萄根瘤蚜蟲，而發展出許多混株雜交葡萄品種的研發者。

　　而洛林的製造商則以購買葡萄或是未發酵的葡萄汁（clairet），用以做出符合德國人口味的氣泡酒。1905 年之後，隨著葡萄根瘤蚜蟲肆虐，葡萄植株遭受數種病害和不良天候危害，葡萄種植業者經營，特別是在洛林每下愈況。有些當地人

5　譯注：非食用作物是指收成後不能直接提供食用，而是提供給工業加工
　　使用的作物。

則專門種植其他作物，厄爾德特（Hœrdt）在史特拉斯堡北部
萊茵河平原上，以種植蘆筍知名，到今天都還持續種植生產；
位於洛林，現今是梅斯周邊的市鎮瓦皮（Woippy）投入種植
草莓，並將生產的成品送往柏林。

快速成長的工業

1907 年，阿爾薩斯有著多元發展的工業，且雇用人數達
到 16 萬 1,000 人。阿爾薩斯的棉紡業位居前列，以米路斯和
弗日山谷地為集中地；周邊棉紡、織造及布品印刷工廠等產業
發展，在 1913 年達到全盛時期。然而，由於投資流向弗日山
脈的另一邊，產量逐漸減緩，而巴伐利亞即成為德國首要的紡
織產業地區。阿爾薩斯生產產品透過柏林經銷商分配，賣到法
國的數量非常少。在史特拉斯堡周邊，許多企業從事於食用農
產品、皮革和機械製造；位於格拉芬什塔登（Graffenstaden）
的工廠，負責製造火車機關車頭和鐵路器材。鉀肥的使用越
來越廣，阿爾薩斯北部大部分都是鄉村，從手工業興起後，
佩希爾彭[6]的石油探勘，於 1913 年開採石油達 5 萬噸。持
續經營的帝璽企業（從事鐵路器材和家具製造）為黑舒方
（Reichshoffen）周圍二十多個城鎮提供工作機會。帝璽企業

6　譯注：該地在 1740 年就開始開採石油，到 1964 年停止開採，煉油工廠
　　亦於 1970 年停工。

其中一位領導人艾都華德·圖克汗（Édouard de Turckheim）曾列席史特拉斯堡商會和路德教派的教務會議[7]。

洛林的工業化靠的是地下資源，位在迪厄茲和薩哈伯（Sarralbe）的化學工廠就設置在鹽礦上。沿著薩爾河盆地，就有三家開採煤礦的公司。能夠有效去除生鐵中的磷又所費不貴的湯馬斯法的發現[8]，讓含鐵礦床的開發加速成長。在這項發現推助下，洛林進入鋼鐵時代。溫德企業取得二十年專屬的專利權，進行開採期間，在薩爾和萊茵河兩岸地區的其他公司，就持續專注於提煉或鑄造，把生鐵煉成鋼。當專利權轉為公開後，德國在龍巴（龍巴鋼鐵〔Aciéries de Rombas〕）、克尼唐吉（Knutange）（奧梅茲拉培公司〔Aumetz-la-Paix〕）、阿貢當吉（Hagondange）（蒂森公司），還有在帝詠城（勞士領公司）的各公司，組成湯馬斯鋼鐵聯盟（aciéries Thomas）。1914 年洛林開採的礦石超過 2,100 萬噸，約為 1871 年所開採數量的 20 倍。一邊是洛林，另一邊是魯爾，兩者間形成一個小型共生體，然而由於魯爾的煤和焦炭是洛林工廠不可或缺之物，因而這兩個區域立足點並不平等。洛林、薩爾及盧森堡皆

---

[7] 譯注：此處作者是以 l'Église de la confession d'Augsbourg 稱之，即「信奉奧斯堡信條的教派」，而奧斯堡信條為路德教派在 1540 年，於奧斯堡會議時提出的重要宗教改革文件，也是路德教派的重要信仰教條，因此中譯為「路德教派」。

[8] 譯注：有關湯馬斯法說明，詳見第二章相關譯注。

屬於西南鋼鐵產業聯合集團，都被萊茵－西發利亞的公司掌
握，更是德國資本和商業版圖中的一塊。洛林——包括法屬洛
林，蘊藏的礦石，挑起想要掌控這項原料的德國重工業主的欲
念。

　　工業化之所以能夠發展，歸功於大量的德國資金注入。不
過，由阿爾薩斯企業支持的阿爾薩斯銀行，像是阿爾薩斯興業
銀行等，有它們的管理委員會，相對於由德意志帝國以財務
支持的大銀行機構而言，仍保有相對自主性。應該要注意的
是，大量遷入洛林的勞工，幾乎都來自於義大利，1914 年間
就有 5 萬人投入礦場、高爐、鋼鐵和公共工程中。在這些無
產階級勞工外，還有從德國來的技術工人、中階與高階幹部
及工程師。溫德家族是僅存的「本地」企業主家族，也就是出
自洛林本地。在 20 世紀初，新世代取得經營權。在查爾斯·
溫德（Charles de Wendel）的兒子羅勃（Robert de Wendel）[9]
經營權被排除後，後來繼位的年輕新任老闆是亨利（Henri de
Wendel）的兒子，弗朗索瓦·溫德（François de Wendel），他

9　譯注：此處原文為「在羅勃的兒子查爾斯·溫德（Charles de Wendel）
　　的經營權被剝奪後……」，應為作者筆誤，譯文改為「在查爾斯·溫
　　德（Charles de Wendel）的兒子羅勃（Robert de Wendel）經營權被排除
　　後……」。溫德家族在阿洛被併時的主導者是查爾斯，而亨利和羅勃都
　　是他的兒子。後來羅勃選擇法國國籍，不得已放棄對溫德家族企業的經
　　營，而亨利選擇德國國籍，成為家族企業的經營者，之後由其子弗朗索
　　瓦接掌。

在之前就已取得法國國籍，一般居住在巴黎，定期會前往阿揚日 [10]。溫德企業不得不順應德國法律，從盧森堡和比利時招募人員，替換法國幹部，也不能再從法國招募，還必須雇用一些德國人，例如企業總經理羅勃‧帕斯圖（Robert Pastor）。在阿爾薩斯則相反，工業化的主要積極角色是一些阿爾薩斯人：外國勞工不多，德國的受雇者和老闆都安置於史特拉斯堡及其周邊。在極大部分的人中，勞工、幹部、負責人都仍是阿爾薩斯人。大部分的生意均採股份有限公司形式進行，而這些公司依舊維持家族經營的特色：多爾菲斯（Dollfuss）家族、高斯（Gros）家族、斯倫貝謝家族，以及其他的梅吉家族（Mieg），都繼續領導他們的工廠。

工業化隨著大量勞工階級的發展，也帶來社會結構上的巨大變化。在阿爾薩斯，鄉村提供勞工來源，在史特拉斯堡和米路斯的居住區之外，還要建造許多住宅區，許多阿爾薩斯勞工一直住在村落市鎮中。洛林則相反，洛林企業持續依靠外來遷入者：有從附近的盧森堡和薩爾（Sarrois）遷入人員，還有從德意志帝國所併原波蘭王國地區遷入者，以及常常先經魯爾再來洛林的礦工，特別是義大利遷入者。這種情況在盧森堡和莫爾特－摩澤省都一樣發生過，想要找工作的義大利人可以輕易越過邊界進入，有些人甚至在這三個國家都曾工作過！工會思

10　譯注：位於帝詠城區。

潮稍晚才傳遞過來，先是有自由工會（社會主義者）——尤其
對鐵路工作人員和冶金工人影響最多，其次是新教工會——在
阿爾薩斯比在洛林還多。在阿爾薩斯的紡織業主對社會保險十
分注意，並且自 1840 年代起，就在企業編制中建立社會保險
網。1880 年代的帝國法律也維持著這類由企業提供的資金機
構網路，而且不斷擴充並加以完善。對於那些無法完全獲得照
顧的勞工，德意志帝國成立一種財務由地區負責，而非由中央
統籌的地區醫療保險制度（Ortskrankenkasse），很快地，工
會就得到一些民選代表參與對相關資金的管理。由於民選代表
的參與，催生出一些具體成果，像是設立針對社會最嚴重問題
的結核病患提供照顧的歐比爾療養院（sanatorium d'Aubure）。

進展緩慢的德意志化

　　在德國人到來四十年後，到了該對德意志化進展和限制提
出問題的時候。在什麼情況下，阿爾薩斯－洛林地區的人才會
覺得他們和德國人有一樣的地位？答案有些複雜，又帶有一點
不確定性。

　　衡量德意志化其中一個指標就是住在帝國領地的德國人
人口數。在 1910 年人口普查後，經計算，人口總數有 179 萬
5,000 人，其中 29 萬 5,000 人原籍德國（約占 17%），當地人
稱為「老德國人」（Vieille Allemagne），其中超過 8 萬軍人
駐紮在梅斯、帝詠城、莫漢日、迪厄茲、史特拉斯堡及薩爾堡

等重要要塞城市。德國公民 —— 遷入者，約超過 20 萬人，其中 12 萬人在洛林（約占洛林人口 20%），集中居住在邊界附近城市與市郊。在史特拉斯堡，阿爾薩斯人和洛林人約有 10 萬 3,000 人，德國遷入者有 2 萬 2,492 人。工業化更有利於德國的幹部、礦工和勞工遷入。在擁有 5 座礦場的城市阿爾格汗吉（Algrange），在 1910 年有 6,644 位德國遷入者居住，而阿爾薩斯和洛林人則有 1,556 人，以及 1,279 位外國人，其中有 823 位義大利人。在鄉村地區，我們只看到幾位官員和商人，可以說是一種殖民現象。人們稱為「老德國人」的這些人都會另外居住，不和當地人，也就是「本地人」，混在一起。這個詞彙的使用反映出一種殖民情境，即外來遷入者，像是殖民方官員等，掌握著行政、經濟及大規模文化上的權力。本地人和外來者這兩種人，即使因為工作而不得不有所關聯，但是都避免經常往來；兩種人之間的聯姻，與基層相比，在上流社會更是少見。基層生活者，像是駐守在要塞城市的軍人，就很容易與阿爾薩斯和洛林人打成一片。在德國遷入者中，我們發現一些與阿爾薩斯和洛林人接觸時，在文化適應方面出現的現象。在史特拉斯堡與梅斯可以找到一些例子，像是有幾個例子就是第二代遷入者裡，有一些人與阿爾薩斯和洛林人通婚。這種情況雖然有限，但仍有緩慢增加的趨勢。

　　漢斯叔叔創作的嘲諷漫畫，美化了阿爾薩斯的村落市鎮，並誇大本地人和外來者這兩個社群的隔閡；漢斯把德國

人在衣著、食物及文化上的特別之處拿來嘲弄，並將德國前來弗日參觀的觀光客描繪得很愚昧。一個在米路斯《快報》（*L'Express*）上連載的專欄，後來延伸出版成為描述嘲弄一位德國學者的畫冊《科納斯切科教授》（*Professeur Knatschke*）。在這種背景下，阿爾薩斯和洛林人發展出一種自我認同感，這種認同感在阿爾薩斯以《阿爾薩斯畫報》（*Revue alsacienne illustrée*）於 1897 年的創刊，還有由布雪於 1902 年在史特拉斯堡設立阿爾薩斯博物館作為標誌，以阿爾薩斯方言創作的文學作品和戲劇大受歡迎。對德國人而言，這種地方認同是正常的事，對小家園（Heimat）的依附和對大祖國（Vaterland）的熱愛是並行不悖的；但是對阿爾薩斯和洛林人而言，卻不是這麼一回事，那是一種對愛國想法的替代，就像有一個概念所表示的，而這個如今已被遺忘的概念大致上這麼說：「不能成為法國人，不願成為德國人，我就是阿爾薩斯人」，或是「不能成為法國人，不願成為德國人，我就是洛林人」。

　　由於學校的作用，德語的使用在一個世代內有相當的進展，法語使用者在阿爾薩斯縮減為一小部分的人（維列〔Villé〕和希爾梅克），而洛林除了索努瓦和梅斯鄉下外，法語使用者也不再具有優勢。帝詠城和梅斯市內大部分居民都使用德語，德語媒體發行量甚高，而法語媒體發行量甚低。下萊茵和摩澤省東部，日常使用地方方言；祭典、報刊及行政事務

則使用德語；法語只剩下少數人能懂。說德語並不表示認為自己是德國人，人們會說自己是阿爾薩斯人和洛林人，首先認同的是自己所在的小家園。因為被要求要對大祖國和皇帝表示忠誠，大部分的人仍接受既有法規。對於新教徒，祭典、路德版聖經 [11]、教堂詩歌等，都是使用德語；天主教方面，教士選用本地人，但修會中養成訓練仍然維持原來法國的方式；而新一代因為對共和法國與政教分離有所疑慮，注意力則轉向德國天主教。本茲勒主教和芬岑主教都來自德國，尊重他們教區使用法語的信徒，同時也導引他們認識一個願意進行以法國人為主的和解工作，以及承認公立學校中信仰狀況的德國。教區女信徒修會——聖上帝姐妹會在希博維列（Ribeauvillé）、巴塞爾的聖讓與佩爾特的分會，組成城市或鄉村大部分女子學校的工作人員。最後，1906 年在史特拉斯堡和 1913 年在梅斯舉行的天主教日（Katholikentage）中，公開宣布這些教區與德國天主教進行合作。1912 年 6 月，正值 26 歲的年輕舒曼在通過律師資格考試後，在梅斯開設一間律師事務所，他很快就參與梅斯的天主教事務，並且開始在德意志帝國轄下的阿爾薩斯－洛林地區執業。當時舒曼根本不知道自己未來的命運，六年後，他更換國籍，在 32 歲成為法國人。

　　除了天主教以外，新教——特別是路德教派，在推動德

11　譯注：由宗教改革者馬丁・路德將古希臘語聖經翻譯為德文的聖經。

意志化方面更積極。在《阿爾薩斯和洛林人的福音詩歌本》
（*Le Livre de chant évangélique pour l'Alsace-Lorraine*，德文為
Das Evangelisches Gesangbuch für Elsass-Lothringen）中：詩歌
內容、祝禱主題、旋律都充滿著德國文化。

　　城市化也是德意志化的要素之一，在許多工業地區，人
口中超過 60% 原籍為德國。像是蒂森公司所在的阿貢當吉、
號稱鋼鐵之城的斯達爾汗（Stalheim，如今被稱為安內維爾
〔Amnéville〕），還有礦業之城阿爾格汗吉。長久以來，城
市都因為要擔任軍事功能，而被防禦工事所束縛。在 1871 年
後，史特拉斯堡的防禦工事被摧毀，成為一個能讓阿爾薩斯城
市得以發展的機會。梅斯和帝詠城要等到 1904 年至 1905 年
才開放，並找到能讓它們擴張的空間。主要城市開始試著進行
城市規劃，並付諸實施，梅斯在 1905 年至 1914 年興建的德式
新城區成為其中的典範，該處城區至今仍幸運地得以保存。執
政者和市政府進行區城分割，著手設計街巷、大道及廣場，置
入公共區域（車站、郵局、教堂等），規劃綠化帶和銀行、公
共建築等服務，並訂定私人建物建造時應遵守的標準規範。整
併（Eingemeindung）政策讓位於外圍市鎮得以合併，擴大中
心城市的城市範圍。然而，梅斯在 1910 年人口僅有 6 萬 8,000
人，無法進入大城市之列，因而在有效的市鎮整併下，就併入
薩爾布魯克（Sarrebruck）。在德語的使用、德文媒體、教育
機構、人口組成、德國習俗和文化等競相爭逐下，各方觀點都

認為，城市是德意志化最被關注的指標。如今各種事物都各有發展，法文也占據一定的地位，留下的建築遺產成為推動城市化和紀念建築上所做努力的見證，讓新世代能夠看到。

阿爾薩斯－洛林地區，只是小祖國？

在接下來的好些年，阿爾薩斯－洛林地區成為毫無疑問的行政實體。但是阿爾薩斯－洛林地區除了外加的行政背景外，是否還有其他的可能變化？是否能在兩個不同的實體之間，發展出一種屬於阿爾薩斯和洛林自身的共同文化？

小學和中學教程都是以德國國家觀點作為指導方向，人們被教育告知在歷史發展上：相對於塞爾特人（Celtes），德國人更優越——「高盧人」（Gaulois）這個詞彙是不能使用的 [12]，查理曼大帝（Charlemagne）被說成是德國人 [13]，日耳曼皇帝鄂圖一世（Otton）、腓特烈一世（Frédéric Barberousse）、腓特烈

12　譯注：一般而言，在歐洲通常以「高盧人」稱呼法國人，實際上的意義是指「在高盧地區居住的塞爾特人」，而「高盧地區」也包括德國南部萊茵河西岸一帶，即阿爾薩斯－洛林地區在內。德國一再強調擁有阿爾薩斯－洛林地區的合法性，自然會避免使用這種詞彙。

13　譯注：查理曼大帝為法蘭克王國國王，統一西歐大部分地區，並由教宗加冕為「羅馬人的皇帝」，法國和德國都認為它們是傳承自查理曼大帝的國家。

二世（Frédéric II）取代卡佩王朝和路易九世（Saint Louis）[14]，只談三十年戰爭[15]，而不再講百年戰爭[16]，拿破崙（Napoléon）被講述成凶惡的征服者，而 1813 年的解放戰爭拯救了德國[17]……至於 1870 年的普奧戰爭（Der Deutsche Krieg），造就德意志帝國並恢復德國祖國的國家存在感與自豪。不同文化觀點有可能會把學校講授的內容轉往另一個方向，阿爾薩斯和洛林媒體，尤其是法文媒體，對戰爭中所發生事件內容的描述就不一樣。當幾個代表思念法國，並且由法國永誌不忘協會豎立的紀念碑──在洛林鄰近的努瓦瑟維爾紀念碑[18]（1908 年 10 月），和阿爾薩斯北部的威森堡紀念碑（1909 年 10 月）啟用時，聚集非常可觀的民眾。如果說在 1918 年後所做的檢視，對這些表現的現象評價或許有點過高，然而這些現象卻是阿爾薩斯和

14　譯注：查理曼大帝的法蘭克王國後來分裂為東、西法蘭克王國，而後又約略發展為德國與法國的雛型。法國即由卡佩王朝開始，路易九世為卡佩王朝的國王。原阿爾薩斯－洛林地區教授歷史以法國為主，提及的就是卡佩王朝與路易九世，而在併入德國後，則以德國歷史為主，德國皇帝自然取而代之地成為講授重點。

15　譯注：為 1618 年至 1648 年間主要發生在德意志各邦國間的戰爭，延伸擴大到歐洲其他國家。

16　譯注：1337 年至 1453 年發生於英格蘭王國及法蘭西王國間的戰爭。

17　譯注：所謂解放戰爭是指歐洲各國聯合對拿破崙發起第六次反法同盟戰爭中在德國發生的各項戰役，拿破崙戰敗，德國人稱為「解放戰爭」。

18　譯注：請參考第三章譯注。

洛林人對德國遷入者與德國藉軍事力量，阻止他們向法國靠攏所做的明確反應：四十年過去，他們仍然沒有被征服。

在德國和帝王的眼中，只要與大祖國有關的自然應放在第一位，而在一旁的才是小家園的應有定位。對阿爾薩斯－洛林地區居民而言，對阿爾薩斯和洛林的想法能與那些巴伐利亞人、薩克森人一樣嗎？我們可以把那些寫進書中、放在學校裡講授，然而我們能讓那些想法進入人心嗎？我們可以觀察到阿爾薩斯人和洛林人並未配合及融入，卻更加強對他們各別的自身認同。在《阿爾薩斯畫報》裡，阿爾薩斯律師約瑟夫‧富勒宏（Joseph Fleurent）提出質疑：我們可以談論「阿爾薩斯－洛林家園」嗎？這個議題關係到一小部分身分會與之有關的精英分子。接受既成事實資產階級家族一員的富勒宏，本身是在帝國領地政府裡工作發展的人，他於 1907 年在《政治及國會評論》（La Revue politique et parlementaire）上，發表名為〈阿爾薩斯的家園意識〉的文章，在舉出那些遷往法國受過教育的資產階級，以及與新政權和解的神職人員作為提醒後，他指出「德意志祖國的意識並未太過深入到阿爾薩斯人的心中」，並且說明：「小家園意識是一種對自我確認的追求，取代在說理上應該要接受的大祖國意識。」這種退而結網的小家園就夠了嗎？會不會是邁向大祖國的第一步？

在德國人發表的出版品中，對阿爾薩斯－洛林地區又是另一種看法：那就是一塊和德國其他土地一樣的德國土地。一位

德國植物學家在 1881 年就出版《阿爾薩斯－洛林地區花卉》
（*Flore d'Alsace-Lorraine*）一書，還有一位史特拉斯堡的德
國高級官員，麥克斯米連・杜普雷爾（Maximilien du Prel）男
爵，於 1895 年負責一部有關阿爾薩斯－洛林地區巨著第一卷
的出版工作。這些官方出版工作，目的就是為阿爾薩斯－洛林
地區這塊土地的存在找出證據，但這些證據在法國人的說法中
純粹就是人為炮製的。

　　小家園為了連結德意志祖國，自然在教育內容中占有一席
之地。阿爾薩斯－洛林地區會不會就是這個所謂的小家園？是
否存在各自有著相當大差別的阿爾薩斯和洛林？為洛林小朋友
製作的「夏洛讀物」（les manuels de Charlot），內容著重於
神聖羅馬帝國時期的洛林歷史。阿爾薩斯－洛林地區的小家園
意識所遭遇的問題，在於阿爾薩斯和洛林實際上各自有著不同
的認同，而這份認同一樣都受到強化。阿爾薩斯和洛林之間的
主要連結是德國政府與他們被要求遵守的法律。我們可以把阿
爾薩斯－洛林地區對當地居民而言只是小家園這件事在書裡寫
著、在學校教著，但是能把這件事放進他們的想法與心中嗎？
如果洛林人自認為和阿爾薩斯人不同，所在的地域就是洛林
省，從薩格米內到薩爾堡，看待事情的觀點不再是聽從史特拉
斯堡的觀點，而是有著梅斯自己的看法。像是在美國也有分會
的聖上帝姐妹會，在巴塞爾的聖讓分會這樣的教會，在阿爾薩
斯和洛林都進行招募姐妹，並執行教育與慈善等活動。

1910年代初被兼併地區人民的期待和反應

德國領導者是否準備接受讓阿爾薩斯－洛林地區自治？這是一項重大的議題，最後在《1911年基本法》的通過和執行後有了定論。這部基本法對帝國及其獲取土地之間關係在實際上有所改變嗎？由薩維爾納事件所引起的騷動，就可以看出這種關係一點都沒有改變。

被遺忘的重大議題：阿爾薩斯－洛林地區自治

德國領導者想要按時宜修改俾斯麥留下的基本法，該法原本賦予阿爾薩斯－洛林地區「自治權」。自治這個字眼，意義廣泛而模糊，可以用非常不同的方式詮釋。對一些人而言，他們可以強調地方主義，並藉此和德國人進行區別；對另一些人來說，則是一種在不否認過去之下，融入德意志民族大家庭的方式。

在經過長時間的反覆討論後，帝國議會對《1911年基本法》進行表決。阿爾薩斯－洛林地區不符合進入聯邦資格，並未被承認具有與德國其他各邦的相同地位，仍然維持著總督、負責部會、軍管體制，直接由柏林管理，主要改革就是以當地全體人民選出的地方議會取代原來的代表制。

在接下來的選舉中，原本全國阿爾薩斯－洛林聯盟（l'Union nationale d'Alsace-Lorraine）組成時就令政府不安，許多高舉

聯盟宗旨的指標性地方議會議員當選，其中包括天主教教士韋特萊。但是聯盟無法形成自己的議會團體，聯盟議員分散到各個政黨中，像是洛林集團（Groupe lorraine）和中央黨。這些人有著一定敏感度，讓德國人時時以警戒和不安的眼光監看著。天主教中央黨要求由領導者之一的厄金・希克林（Eugène Ricklin）擔任議會議長，在洛林集團協助下，中央黨取得絕對多數支持。當選的社會民主黨議員均為阿爾薩斯人，他們成為少數。在作風和政教分離議題上左傾的自由民主黨，代表的是德意志民族的敏感議題。由於政黨組成及其各自扮演的角色，這個由普選產生的地方議會要體察民意傾向，作為政府的反對者。

　　生活中公眾議題的開放很快就遭遇瓶頸。德國官員對於由流亡到法國的尼耶森，在法國創立的法國永誌不忘協會設立於阿爾薩斯－洛林地區一事已經容忍許久。就是由這個協會發起豎立在洛林努瓦瑟維爾（1908 年 10 月）和阿爾薩斯威森堡（1909 年 10 月）的紀念碑。隨著這些紀念碑啟用，一些示威活動接著發生，軍事當局與帝國高官對當地文職官員的軟弱和縱容相當不高興，他們持續付諸強硬行動，並參與鎮壓。為了擺脫追獵，法國永誌不忘協會轉而成為阿爾薩斯－洛林永誌不忘協會（Souvenir Alsacien-Lorrain）。該協會在 1913 年 1 月 23 日被洛林主席解散，因為協會是延續自「遭禁團體──法國永誌不忘，他們在地方群眾中喚起並組織支持法國的同路

人，就為了讓他們與帝國分裂，還企圖讓阿爾薩斯－洛林地區自帝國分離」。協會總代表讓－皮耶・讓（Jean-Pierre Jean）對這項決定提出上訴，但是帝國檢察官仍然確定這個解散決定。數個月後，讓為凸顯他提出的訴求案，帶著幾位官員和政治人物潛入法國。1913 年 11 月，梅斯法院對讓提起訴訟，由科瑪律師赫爾梅為他辯護。檢察官在指控中，企圖揭露法國永誌不忘協會的政治動機：「這是一個專門滋養對法國熱愛的政治性社團。……如果它只是要紀念死者，幾位高貴的女士、一位園丁及幾個石匠就夠了，不需要招來這麼多在科瑪的名人。……我看過那些雕像和言論，前者完全違抗政策，後者則表達出對法國最熱切的愛國意識，簡直是笑死人了！」儘管檢察院指控理由嚴重，但是判決卻很輕微：讓被判違反有關社團組織的法律，處 50 馬克（mark）[19] 罰款或十日拘留。這樣就是正式宣告，此後不再容許任何新的反抗言論、任何對法愛國作為或報復者。讓留在梅斯接受前述判決，而他早就於 1912年 8 月小心地將永誌不忘組織阿爾薩斯負責人的職位，交由南錫的奧古斯特・史賓尼（Auguste Spinner）擔任。他偷偷潛回阿爾薩斯許多次，一點都沒有顧慮。

19　譯注：德國貨幣單位。

一件被遺忘的事：
薩維爾納事件（1913 年 11 月至 12 月）

一位年輕普魯士中尉對待阿爾薩斯士兵的行為，在阿爾薩斯、洛林、法國及德國媒體造成巨大的爭論聲浪，甚至動搖文官政府。

讓我們回顧一下讓這些憤怒聚集的一些經過：在薩維爾納駐紮著九十九步兵團的兩個營。1913 年 10 月 28 日，一位 18 歲年輕貴族出身的軍官，甘特・馮・弗斯特納（Günter von Forstner），在「瓦克斯」（Wackes）操演時，用阿爾薩斯方言稱幾位阿爾薩斯新兵為「流氓」。這件事被幾個目擊者告知《薩維爾納新聞報》（Zaberner Anzeiger）的幾位地方記者，並於 1913 年 11 月 6 日見報。接下來幾天，弗斯特納繼續用同樣的言語嘲弄、羞辱阿爾薩斯籍士兵，報刊追蹤報導這些事件，最後導致地方群情激憤。這位中尉後來被幾位薩維爾納居民亦步亦趨地刻意跟隨奚落，弄得狼狽不堪。媒體引發起各方回應的聲浪，一位帝國議會代表在 11 月 28 日向首相提出質詢：「打算怎麼做，好保護阿爾薩斯和洛林籍的士兵免於遭受這種羞辱，並且保護阿爾薩斯－洛林地區人民免於受到這種挑釁（Herausforderungen）。」這個問題由幾年前曾是梅斯要塞軍區司令的戰爭部長埃里希・馮・法肯海恩（Erich von Falkenhayn）出面答覆。德國皇帝在堅決信任戰爭部長的情況下，要求首相支持維護牽涉到這位年輕中尉的軍中階級制度。

　　後續接著牽連甚大結果的產生，就和實際事件不再有關，而是放在這塊帝國領地的統治問題上。柏林決定撤換當地政府所有高階文官：總督卡爾・馮・威德（Carl von Wedel）讓位給普魯士人漢斯・馮・達韋茲（Hans von Dallwitz），阿爾薩斯人擔任的國務祕書換成普魯士人齊格菲・馮・羅伊丹（Siegfried von Roedern），阿爾薩斯人佩特里卸任負責司法事務副國務祕書，要找一位阿爾薩斯人接任，最後卻未能找到。曾被任命為地方議會第一議事庭 [20] 成員的梅斯律師亞伯・戈果亞（Albert Grégoire）的名字也曾被列入考量，最後卻還是沒被接受。

　　就像軍方要求的，這個「新局」的目的在於對付那些反德勢力。醜化普魯士人的亨利・齊斯林（Henri Zislin）[21] 和漢斯所畫的作品，以及齊斯林的畫冊《穿越阿爾薩斯》（*Durch Elsass，À travers l'Alsace*）[22]，還有《憨痴誌》（*Simplicissimus*）[23] 裡的漫畫，都對德國遷入者與軍方造成刺激。法肯海恩將軍

20　譯注：依《1911 年基本法》成立的地方議會，分為兩個議事庭：第一議事庭成員為非民選，由德國皇室直接從地方重要人士中任命，為榮譽職；第二議事庭成員才是民選議員，較具代表性。

21　譯注：記者暨漫畫家，主要畫作皆為政治諷刺性漫畫。

22　譯注：為齊斯林於 1907 年至 1914 年發行每冊約 12 頁的週刊，每期都有他發表的政治諷刺漫畫。

23　譯注：由德國人 Albert Langen 創辦發行的週刊，其中刊載的漫畫主要針對普魯士軍人和德國人冷酷的形象進行諷刺。

在 1914 年 2 月 19 日寫給首相特奧巴爾德・馮・貝特曼－霍爾維格（Theobald von Bethmann-Hollweg）的信中，表示：「薩維爾納事件證明，大部分阿爾薩斯－洛林地區人民在根深柢固的意識中，並不想要排拒民族主義勢力的影響。」法肯海恩在不久後成為德國軍方首長[24]，在他之後繼位者即為興登堡（Hindenburg）[25]。德國媒體談論的都是重返波茲坦（Potsdam）[26] 精神，重返俾斯麥統治，因為這時候新的內閣著手進行鎮壓，重新回到 1887 年的做法：解散阿爾薩斯－洛林永誌不忘協會，並起訴該協會的負責人、打擊在企業中的法國勢力、凸顯強調德意志化。漢斯出版的畫刊《我的村莊》（*Mon Village*）把德國人氣到將他送上科瑪法院。審判庭宣布無法審理，並將這位漫畫家轉送到位在萊比錫（Leipzig）的高等法院。高等法院於 1914 年 7 月 18 日判決，漢斯因為「侮辱德國人民」，處以一年徒刑。漢斯成功潛逃到法國，避免入獄。

　　即使發生我們剛剛提到的這些事情，法國媒體也肆意擴大報導嚴重性，在地區上仍然呈現一片祥和繁榮，和法國相臨的

24　譯注：當時德國軍方最高職務為總參謀部的總參謀長。

25　譯注：全名為保羅・馮・興登堡（Paul von Hindenburg），而後成為德國在第一次世界大戰戰敗後，威瑪共和國總統。

26　譯注：德國宮廷所在地，也是軍營駐守重地。

邊界依舊很輕易就能跨越。有些人仍然相信一個忠於法國的阿爾薩斯，那是一種想像，是將對理想中、渴望中法國的緬懷，結合現存情況所產生的。阿爾薩斯人和洛林人接受他們所處的狀況，並沒有反抗。帝國領地還為他們帶來一些實際上的好處：有效率的政府、生活水準的提升、宗教間和平共處，以及社會保險。然而，阿爾薩斯人和洛林人並未感覺到自己與德國人一樣，帝國領地仍是一塊獨立的地域。1913 年 7 月 22 日發布的法令，將阿爾薩斯－洛林地區在邦籍上視為德國的一邦：從此以後，就能有一個阿爾薩斯－洛林地區的邦籍，能藉此和其他邦結合；實際上就意味著，人們可以是阿爾薩斯－洛林人和普魯士人（Elsass-Lothringer und Preusse），或是阿爾薩斯－洛林人和巴伐利亞人（Elsass-Lothringer und Bayer）。

有一本名為《阿爾薩斯－洛林地區和德意志》（*Elsass-Lothringen und das Deutschtum*）的書籍，在 1914 年於柏林出版，律師海恩瑞奇‧霍藍（Heinrich Ruland）以居住在科瑪的遷入者身分，在序言中抱怨這塊西方邊境之地上的德意志民族性發展不足，並且表示阿爾薩斯－洛林地區並未與帝國融合、統一——他使用的詞彙是統併（Anschluss）。他把責任歸咎於是對「貴族體制」政府支持所造成的，對地方主義退讓造成持續抗拒。

漢斯和審判他的法官們

「著名的畫家漢斯被控，在他流傳甚廣的畫刊《我的村莊》中，用一些詞彙提及德國憲兵和教官，這些詞彙好像就只是有趣而已，然而檢察官卻認為是一種侮辱。這項控訴案獲判六個月輕罪徒刑和 1,000 馬克罰款，一般旁聽者都感到錯愕，庭長認為因為涉及叛國罪嫌，所以無法審理，將案件轉送到萊比錫法庭。庭長加蓋（Jaeger）在《我的村莊》裡找出檢察官都不太確定有沒有看出來的東西，他認為漢斯在作品中煽動阿爾薩斯和洛林人反抗德國當局，並設法用暴力將阿爾薩斯－洛林地區從帝國中分裂。」

《畫報》（*L'Illustration*）[27]，1914 年 5 月 23 日

就阿爾薩斯和洛林人而言，他們沒有任何辦法可以改變所處的情況。如同他們拒絕使用暴力，就要聽任忍耐，並徹底放棄反抗。但事實上，只要一場由德國落敗的戰爭，就能讓他們的地位改善一些。果然，從第二次摩洛哥危機（1911 年）[28] 開

27　譯注：法國自 1843 年至 1944 年發行的週刊。

28　譯注：1911 年 7 月，德國為了保護在摩洛哥的利益，派遣戰艦「黑豹」前往摩洛哥港口阿加迪爾（Agadir），不但引發法國揚言採取軍事回應，更引起英國宣布支持法國。而後法德間軍事調動頻仍，戰火一觸即發，在政治斡旋下，法德雙方以談判及訂定協議結束危機。

始，即使在這場危機中，雙方達成共識簽訂協議並執行，但是法、德之間的緊張關係卻越來越明顯。兩國人民都投票通過新的軍事法案，用以擴增兵力數量。大家的解讀認為，這是以軍力平衡來維持和平，而不是準備再次發動戰爭。威廉二世不是才在 1913 年慶祝在位二十五年「和平皇帝」的統治嗎？況且如果法國不再像是 1870 年那麼孤立，與其簽訂《三國協約》（Triple Entente）[29] 的盟友──帝俄和大英國協，都認同阿爾薩斯－洛林地區問題已經處理解決，並且接受 1871 年既成事實的概況。在這樣假設下，德國希望的是對所獲得領土進行鞏固。歐洲最大的不安，是在情勢緊張的巴爾幹半島：戰後才剛過兩年，和平極為難得，一個意外事件就可能引發一場新的衝突，而被捲入衝突的各個強權都無法或不願意抑制衝突。這才是威脅歐洲和平真正的危險。

29　譯注：英國、法國和俄羅斯在 1907 年為應對德國勢力增強，而簽訂的互諒及互助協議。並與德、奧、義三國同盟形成對壘。

| 第五章 |

阿爾薩斯－洛林地區，
第一次世界大戰的籌碼？

　　有別於我們的既有認知，阿爾薩斯－洛林地區不是第一次世界大戰的近因。要報「失落的行省」之仇的想法，確實存在於法國人的心裡，但這更多的是一種對舊日苦痛的懸念與執著，即便報復這個字眼都已經快要被遺忘了，卻還放不下這個想法。一旦當法國被迫要打一場防衛戰爭，讓阿爾薩斯－洛林地區重獲自由，就會成為法國作戰的主要目的。在德國，堅守阿爾薩斯－洛林地區則完全不是討論的話題；相反地，改變阿爾薩斯－洛林地區帝國領地地位問題，卻多次被提出議論。阿爾薩斯－洛林地區的命運隨著戰爭而擺動。

1914 年 8 月至 9 月：
戰爭中的阿爾薩斯－洛林地區

在 1914 年 7 月間，歐洲各大強權之間的緊張情勢升高，法、德邊界卻仍然維持平和。鐵路交通和商業往來依舊正常維繫。到了 7 月底，不安的情緒才籠罩在阿爾薩斯－洛林地區和法國東部居民的身上，他們突然感受到戰爭的威脅。1914 年 7 月 31 日，鐵路中斷，兩國邊界關閉，這是從 1870 年以來從未發生的事，是宣告戰爭來臨的前兆。

戰時措施

1914 年 7 月 31 日，德國皇帝威廉二世下達戒嚴，權力因而落入軍人手中，文職官員只能聽命行事。在這樣的背景下，軍事當局對於他們認為涉及反德的政治人物、記者及出版業者進行逮捕，其中包括一位帝國議會代表、許多地方議會議員和一般委員。有些人成功逃往法國，像是阿爾薩斯－洛林永誌不忘協會前主席讓、教士科林與韋特萊、科瑪籍的赫爾梅和布呂蒙達。布雪醫生順利在史特拉斯堡搭上前往巴爾的火車，接著再去巴黎。教士讓－朱利安・韋伯（Jean-Julien Weber）——後來在 1945 年當上史特拉斯堡主教，那時正在上阿爾薩斯呂特巴克（Lutterbach）的母親家中度假，得以乘機去到貝爾弗，接著在整場戰爭中成為法軍軍官。梅斯的社會民主黨議員

威爾正在巴黎，當茹海斯在新月咖啡店（Café du Croissant）遭到哈悟・維嵐（Raoul Vilain）刺殺時[1]，他剛好坐在茹海斯旁邊。威爾就留在巴黎，也失去德國國籍和議員資格。

　　軍事動員有序且平靜地進行，很少人反抗，只有鄰近邊界村莊的一些人，寧可逃到法國，也不接受動員召集。在戒嚴情況下，保護管束制度（Schutzhaft）被啟用，並一直持續到戰爭結束為止。法文報紙被禁，記者遭囚，這些記者被關押在埃倫布賴特施泰因（Ehrenbreitstein）要塞，這處要塞位於科布倫市對面，俯瞰著萊茵河東岸。隨後他們被分散到德國中部及東部，並遭到監視居住。針對具備帝國議會代表身分者則考慮較多：像是亞力克斯・韋伯（Alexis Weber）和帝詠城的代表弗朗索瓦・齊默（François Zimmer）。前抗爭派帝國議會代表普雷斯就在慕尼黑監視居住期間死亡。戰後，阿爾薩斯流放者聯盟（Ligue des proscrits d'Alsace）針對受到不同程度和不同處置的 3,385 名阿爾薩斯受害者曾進行清查。

1　譯注：奧匈帝國皇儲斐迪南大公剛於 6 月底遭到暗殺，歐洲風雲密布，
　　戰事一觸即發，茹海斯等社會主義人士全力幹旋，希望阻止戰爭爆發，
　　而民族主義者則高喊開戰。維嵐為法國民族主義支持者，即以茹海斯為
　　目標執行暗殺。

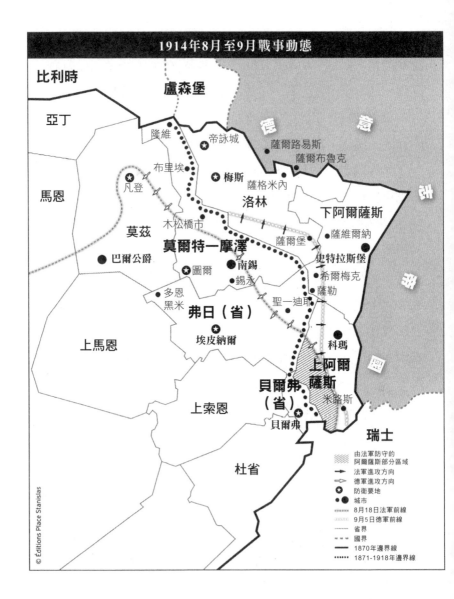

1914年8月至9月戰事動態

比利時
盧森堡
亞丁
隆維
帝詠城
薩爾路易斯
薩爾布魯克
馬恩
布里埃
梅斯
薩格米內
凡登
洛林
下阿爾薩斯
木松橋市
薩爾堡
薩維爾納
莫茲
莫爾特一摩澤
史特拉斯堡
巴爾公爵
圖爾
南錫
希爾梅克
多恩黑米
錫永
薩勒
聖一迪耶
弗日（省）
科瑪
上馬恩
埃皮納爾
上阿爾薩斯
貝爾弗（省）
卡路斯
上索恩
貝爾弗
瑞士
杜省

由法軍防守的
阿爾薩斯部分區域
→ 法軍進攻方向
⇨ 德軍進攻方向
✪ 防衛要地
● ● 城市
·········· 8月18日法軍前線
×××××× 9月5日德軍前線
－－－ 省界
＝＝＝ 國界
—— 1870年邊界線
•••••• 1871-1918年邊界線

© Éditions Place Stanislas

1914 年 8 月至 9 月間戰事

霞飛（Joffre）將軍[2]實施第十七號作戰計畫，命令法軍打開洛林位於梅斯及弗日低地間缺口。法軍在去除各邊界哨所後，連下突爾河（Thur）和莫德河（Moder）流經的弗日山谷地，並沒有遭遇太大的抵抗。8 月 10 日在聖布萊茲（Saint-Blaise）[3]首次拿下德軍部隊，德軍第九十九軍團的一些阿爾薩斯士兵轉而投向法軍。法軍取得孟斯特（Munster）、當恩（Thann）和阿爾特基克（Altkirch），接著進入阿爾薩斯平原，直到米路斯，四十八小時後隨即占領該城。

在洛林方面，8 月 10 日發動攻擊，法軍部隊輕鬆進入索努瓦及薩爾堡地區，通常都會受到使用法語城鎮的歡迎。8 月16 日，法軍部隊兵臨薩爾堡城下。在這幾天，法國人在阿爾薩斯和洛林都進行嚴肅的搜捕行動，遭逮捕者被送往法國，接著和一般平民囚犯一樣被關押在數個營地內。由巴伐利亞王儲魯普雷希特（Rupprecht de Bavière）率領的德軍，在梅斯到薩維爾納一線集結，以可俯視莫漢日的高地為倚仗，在該處嚴陣以待法軍。8 月 18 日，莫漢日戰役開始：法軍在兩日內被擊退，並撤至邊界。

2　譯注：全名為約瑟夫・霞飛（Joseph Joffre），第一次世界大戰時的法軍總司令。

3　譯注：完整名稱為 Saint-Blaise-la-Roche。

從 8 月 20 日起，德軍沿著整個洛林前線發動進攻：他們在梅斯南面重登摩澤河谷，取得木松橋（Pont-à-Mousson）；在南錫前，被緊守於大古龍尼（Grand-Couronné）戰鬥工事中的法軍部隊拒止；盧森堡大公國遭占領，上區（Pays-Haut）[4]被攻下，凡登要塞岌岌可危。最慘烈的是德軍攻陷聖－迪耶、呂內維爾和捷別維爾（Gerbéviller），並在城中屠戮；德軍推進到進入夏姆隘口時才停。南錫的北面和東面受迫，德軍前鋒抵達距離史坦尼斯拉廣場（la place Stanislas）不到 10 公里的位置。僅兩到三天，情勢就讓各公國都感到驚慌。幸好卡司德諾（Castelnau）將軍[5]取得大古龍尼戰役的勝利，南錫得以保全，不會像 1870 年至 1871 年一樣遭到德軍占領[6]。

固守前線及展開據點戰

馬恩河戰役後，德軍撤退，前線得以固守。在據點戰初期，德、法軍隊紛紛挖掘戰壕，並隱伏於地下。1914 年 9 月

4　譯注：是一片在莫爾特－摩澤、莫茲和摩澤省北方的區域，範圍內包含200 個市鎮，1940 年至 1944 年間被劃入摩澤省。由於一般在法語中稱荷蘭為「低地國」（Pays-Bas），為了避免混淆，此處不譯為「高地」，而以「上區」表示。

5　譯注：全名為愛德華‧柯里爾‧卡司德諾（Édouard Currières de Castelnau），後於第二次世界大戰中反對維琪政府。

6　譯注：由於卡司德諾將軍在大古龍尼勝利保全南錫，所以獲得「南錫救主」（sauveur de Nancy）的稱號。

底，情況發展如下：

——在阿爾薩斯，上阿爾薩斯西南隅、城鎮當恩及阿爾特基克等地仍在法軍手中，約 5 萬 5,000 位居民受戰地政務管制。實施這種適度的占領管制，就像是要讓阿爾薩斯重獲自由前的預告，法國人相當需要。軍文重要人士都前來走訪這塊阿爾薩斯重獲自由的部分地區。第一位是 1914 年 11 月的霞飛將軍，他在當恩對阿爾薩斯的學生發表一場談話，他告訴他們：「你們是法國人，我的孩子，你們接下來會一直是法國人。」在他之後是法國總統雷蒙・普恩加萊（Raymond Poincaré），在宣傳照中顯示，他在希博維列一所由當地姐妹會開辦的學校，身邊站著一些穿著傳統服裝的年輕阿爾薩斯女孩。總統還在聖阿瑪漢（Saint-Amarin）發表一篇嚴謹的談話，其中公開表示法國會尊重阿爾薩斯的傳統。1920 年代，阿爾薩斯人常常引用這項承諾，懇切要求普恩加萊重視承諾。訪客遠遠不只有普恩加萊，連漫畫人物來自布列塔尼的小女孩貝卡辛（Bécassine）[7]，也受邀到阿爾薩斯這一小塊重獲自由的地區。

——在洛林，由於戰線所經之處幾乎都是法國地域，情況對法國不利。戰線從好人嶺經弗日省北部到舊邊界塞耶河（la

7　譯注：貝卡辛是出現在 1905 年的漫畫主角，她是一位布列塔尼的小女傭。在第一次世界大戰期間，為了振奮法國人心和支持阿爾薩斯，貝卡辛以身著阿爾薩斯傳統服飾形象，出現在數本描寫阿爾薩斯情況的漫畫書裡。

Seille），接著在木松橋北接入摩澤，並穿越沃夫赫（Woëvre）地區，以繞過凡登要塞。整個莫爾特－摩澤省、上區，以及三分之一莫茲省的採礦和鋼鐵煉製區都被德軍占領。

——洛林德占區（實際上即指摩澤省），幾乎都在戰場外。一部分在法語區市鎮，諸如薩蘭堡、德姆（Delme）、雷希庫（Réchicourt）、維尼（Verny）的平民，都為躲避戰火而早被疏散，因為可能會不小心在法軍攻擊或空襲時受到傷害。這些市鎮直到 1917 年都沒有受到攻擊，只有在戰事最後幾個月才出現一些輕微騷亂。雖然發生人員短缺——所幸有一些俄羅斯囚犯和比利時平民填補，還有運輸上的一些困難，但是礦場和工廠仍能運作，即使是位於最接近前線的迪厄茲的化學工廠也是如此。

——梅斯要塞發揮重要的有效阻卻作用。直到戰爭結束，梅斯都讓法軍認為正面攻擊耗損過大且可能無效，而選擇轉向他處，因而成為物資和彈藥的後方基地，更成為為了 1916 年凡登戰役而受召士兵的根據地。在這座城市裡，可以感覺到戰事距離並不遠，居民在夜晚都能聽到低沉的炮聲，他們可以看到軍事運送車隊經過，列車在車站卸下傷員或運送法國俘虜。我們現在可以讀到一位在紅十字會（la Croix-Rouge）工作，並於 1914 年至 1916 年間被分配到梅斯車站的德國女孩厄塔・斯朵琪（Herta Strauch）的親身經歷，以筆名艾德麗安・湯瑪斯（Adrienne Thomas），於 1930 年在柏林出版一本

講述她痛苦經歷的自傳式小說：《凱瑟琳成為了士兵》（*Die Katrin wird Soldat*）。這本小說於 1932 年以《士兵凱瑟琳》（*Catherine soldat*）為名，被翻譯成法文，最近斯朵琪寫作時參考使用的戰時日記也得以出版，沒有再譯為法文。

米路斯的教師菲利普・于塞（Philippe Husser）在日記中，提及 1914 年 8 月戰時發生的事件

「1914 年 8 月 31 日，

米路斯整體而言並沒有遭到太多摧殘，城市中的房屋多少都看得出一些經歷過戰鬥的痕跡，但是沒有受到太大的損壞。……

為什麼人們會這麼懼怕德國人？可以從在城市中從事巷戰的士兵，根本不在乎地方居民中得到答案。……

阿爾薩斯－洛林地區並未全落入敵人的手中，可說從動員以來，這裡人們的行為堪稱典範，年長者自發參與，年輕人自願入伍。……

漢斯和韋特萊都沒有政界的朋友，或者說非常少。戰爭就是戰爭，我們躲不開所有的暴力和痛苦，但遺憾的是竟然會對自己的軍人產生畏懼。在多納（Dornach）地區[8]也聽到同樣的抱怨。無論如何，戒嚴法已經施行，這也是

8　譯注：米路斯市內的一處社區。

我們會害怕德國人的原因。每當聽到這些說法時，我的心都在淌血，我想對德國人高喊：『你們懷疑所有的人都是反德分子，你們錯了。別再恐嚇人們了。』……」

膠著於據點戰的戰爭，對人命的損耗甚鉅。最血腥的衝突發生在 1915 年阿爾薩斯弗日山，從老阿蒙（Vieil-Armand，德國稱為 Hartmannswillerkopf）到凌日（Linge），以及到查貝洛特山口（col de la Chapelotte）。在洛林，一次規模不大且徒勞無功的攻擊，發生在木松橋以西的拔勒佩特森林（Bois-le-Prêtre）。貝坦大墓園（Le grand cimetière du Pétant）[9] 就在提醒我們人命損失的巨大程度。亞貢（Argonne）地區 [10] 固守在半地下掩體中的德軍，在法軍數次攻擊，以及美軍於 1918 年 9 月驅趕行動下遭到重創。各地的日常寧靜都被不分範圍的幾場炮戰和數次襲擊打斷。在薩蘭堡附近的昂蓬（Hampont），德國人安裝一座固定式的長距離大炮，並用這座大炮在 1916 年至 1917 年對南錫進行炮擊，因此南錫人稱這座炮為「大馬克斯」（le gros Max）。1917 年 5 月，在法國空軍一發幸運的投彈下將之摧毀。

9　譯注：位於莫爾特－摩澤省蒙托維爾（Montauville），埋葬第一次與第二次世界大戰死亡的軍人及戰俘。

10　譯注：為法國東部的一片自然森林區，也是第一次世界大戰末期，法、美聯軍對德發動攻擊的戰場。

阿爾薩斯－洛林地區，
法國人和法籍阿爾薩斯、洛林人的掛念

在引發歐戰以致世界大戰的 1914 年 7 月那場危機中，阿爾薩斯－洛林地區並未扮演任何角色。當法、德之間一開始宣戰，阿爾薩斯－洛林地區問題就立刻浮上檯面，而不只是在消息靈通者或受過教育者之間的討論而已。就像 1870 年，法國也遭受侵略。面對這個問題，比起之前的帝國，法蘭西共和國準備得更充分。這一次，法蘭西共和國投入的是重建之戰，把阿爾薩斯和洛林重新放在法國人掛念的首要位置。

在法國的阿爾薩斯和洛林人

在阿爾薩斯和洛林人之間，還應該區分出那些從 1914 年 8 月至 9 月間，在一開戰就疏散到法國尋求庇護的那些人，以及當作人質或嫌疑人而被逮捕，關押在監禁營地裡的人。1914 年 8 月 5 日表決通過一項法律，對所有參加法軍的阿爾薩斯和洛林人都給予法國國籍；從俄羅斯回來的戰俘與阿爾薩斯、洛林籍逃兵（在德軍服役，穿越戰線成為原屬國的叛逃者），則不能加入法軍。

第一批加入者數量上以出自大東部地區各省者相對較多，像是莫茲、莫爾特－摩澤、弗日及貝爾弗地區。弗日省就有約 7,000 名，還要加上 1914 年來此避難的難民。這些阿爾薩斯和洛林人可以分成三個類別：被當成人質關押在監禁營地裡

的人；有疑慮而被限制移動，並且受到監控的阿爾薩斯和洛林人；最後，則是所謂「出身且自認是法國人」，他們所占數量最多。這些人先是被給予居留許可，接著再給類同法國人身分的證件，最後在 1918 年終於收到法國身分證。

數十位流亡的政治人物在巴黎避難，受到首都城市中阿爾薩斯和洛林團體在物質上支援供應。科林 [11] 固定以聖湯馬斯達欽教堂 [12] 作為本堂居所，並被引介到巴黎天主教信仰圈：他在《十字架報》上撰文，對著聖母發出鍾愛國家的誓言。他也是溫德家族位於克利希（Clichy）街道宅邸的座上客，這位被取消德國籍的「叛國者科林」，還遭到權力當局向本茲勒主教 [13] 施壓，要本茲勒主教發出譴責，但遭到拒絕。威爾和社會主義者和《人道報》（L'Humanité）有著緊密的聯繫，被剝奪帝國議會代表的資格。在媒體資料裡，我們找到幾幅漫畫家漢斯穿著軍服在戰壕中的相片，而他在為法國的宣傳上發揮才能。法軍在貝爾弗地區的雷謝西（Réchésy）設立一個軍事情報中心，布雪醫生就在這裡工作，他被德國以叛國罪判處死刑，其財產也被充公。布雪利用對德國與瑞士媒體的分析，以及蒐集

11　譯注：為在梅斯發行的《洛林報》政治報導負責人，具天主教議事司鐸身分，詳見第二章。

12　譯注：Saint-Thomas-d'Aquin，於 1632 年建成，位於巴黎第七區的天主教教堂。

13　譯注：於 1901 年至 1919 年間擔任梅斯主教。

的情報，撰寫一份關於阿爾薩斯地區心理情況和德國公眾輿論
發展情況的通報。自 1915 年起，洛林人建立一個祕密壓力團
體——洛林集團，曾多次在愛麗樹宮 [14] 受到法蘭西共和國總統
普恩加萊接見。

在阿爾薩斯和洛林，那些不受歡迎、有嫌疑及遭到清算
的人，通常都會經過一段複雜的歷程後，於 1914 年 8 月遭
到監禁，關押在貝桑松（Besançon）、貝蘭齊（Blanzy）、
拉菲特馬塞（La Ferté-Macé）等營地，接著再轉送到集中看
管與重新分類的營區，這些營區在我們這個時代稱為「集中
營」，那是一段可悲的記憶：伊斯瓦爾（Issoire）、聖宏貝達
邦（Saint-Rambert-d'Albon）、蒙尼斯托（Monistrol）、蒙布里
松（Montbrison）、盧爾德及克利希等地。他們在那裡可以找
到工作，可能還可以外出，只是所有人都會受到嚴格限制。有
些人真的過著相當艱困的生活。以在洛坎（Lorquin）擔任書
記的弗朗索瓦・羅宏（François Laurent）為例，他於 1914 年
8 月 20 日毫無理由地在家中遭法國憲兵逮捕，最後在 1918 年
初獲釋，並勒令取道瑞士返回他在阿爾薩斯－洛林地區的住
所。同樣的例子還有史懷哲 [15]，他於 1913 年在加彭 [16] 開設蘭

14　譯注：全名為 Palais de l'Élysée，為法國總統府。

15　譯注：即為 1952 年因終身致力於非洲行醫，而獲得諾貝爾和平獎的史
　　懷哲（Albert Schweitzer）醫生。

16　譯注：即位於非洲中西部的加彭共和國。

巴和內醫院（l'hôpital de Lambaréné）[17]，因為具有德籍身分而遭逮捕，並遣返法國，被安置於普羅旺斯聖雷米（Saint-Rémy-de-Provence）營區，直到 1918 年 7 月才能經由瑞士返回阿爾薩斯！

他們被安置在專門的營區，像是維維爾大修院（le grand séminaire de Viviers）、弗戈萊特修院（l'abbaye de Frigolet），以及設立在伊斯瓦爾、聖宏貝達邦、蒙尼斯托、普羅旺斯聖雷米和盧爾德附近的營區，從事各種不同工作，其中有些人還被納編到一些部署在殖民地的部隊。讓－諾維・鞏多姆（Jean-Noël Grandhomme）[18] 研究發現，在 1914 年 10 月底，三批 1,200 名被拘留者安置在亞維儂（Avignon）周邊，許多人在該地區找到工作，隨後逐漸分散出去。在聖艾蒂安谷地（le bassin de Saint-Étienne），一些戰俘、逃兵和有疑慮者於 1914 年 9 月被安置到工廠工作。由於許多阿爾薩斯和洛林人的法語講得很不好，或是有著濃重的口音，使得他們與當地居民關係的保持不是那麼容易，有些人還被懷疑是親德分子。

巴圖委員會的工作

為了準備「失落的行省」回歸，法國政府在 1915 年 2 月 20 日召集一場阿爾薩斯－洛林地區研討會議，由與普恩加萊

---

17 譯注：後人稱為史懷哲醫院。
18 譯注：法國歷史學家，曾於洛林大學教授當代歷史。

總統關係親密的前總理路易・巴圖（Louis Barthou）負責。會議的任務是「準備文件，研究阿爾薩斯－洛林地區重歸法國後，未來統治工作的解決方案」。這個會議最初的成員只有二十位，歷經數次擴大，聚集政治人物、高級官員、阿爾薩斯和洛林團體代表，還有記者，以及在 1914 年 8 月就逃到巴黎尋求庇護的阿爾薩斯－洛林地區選出議員。在這些人裡，可以舉出一些阿爾薩斯人的名字，像是梅斯代表威爾；代表希博維列的教士韋特萊；曾經擔任科瑪市長，並於 1917 年往訪美國進行宣傳的布呂蒙達；以及梅斯議事司鐸科林。所有這些「叛國者」都被取消德國國籍，並遭到判刑。這場會議撰寫出數份報告，形成一些建議。會議工作到 1918 年 7 月……在官方講話和報紙、媒體中，經常做出對阿爾薩斯－洛林地區回歸的意見，提醒法國之所以參戰和一份長遠存在的義務。在為戰爭公債所做宣傳海報上，背景就是史特拉斯堡大教堂。

　　1918 年 1 月，美國總統威爾森[19]對全世界發表知名的十四點和平建議，其中第八點要求「修復傷害」，而法國就是阿爾薩斯－洛林地區事務上的相關受害者。這個說法比法國政府慣用的「修復法國政府在權利上，和阿爾薩斯－洛林地區人民在情感上所受到的傷害」要求更為模糊。索邦大學教授拉維斯和費斯特（土生土長的阿爾薩斯貝布勒南〔Beblenheim〕人）

19　譯注：指美國第 28 任總統湯瑪斯・伍德羅・威爾森（Thomas Woodrow Wilson）。

兩位知名學者在一本約三十頁，名為《阿爾薩斯－洛林地區問題》的小冊子中，強調要求「失落的行省」回歸的基礎在於：「我們人民所要的是祖國能夠找回這些原本歸屬於它的人民，他們是骨肉，是血親。他們知道這是權利，也是正義。」為了公開呼籲這件事，1918 年 3 月 1 日在索邦大學舉行一項儀式，紀念 1871 年波爾多抗議事件 [20]。法國政府有許多高級官員、一些法定社團及外國大使都出席這場儀式，總統普恩加萊在會中重申法國的權利。

當大家都知道協約國對戰爭已勝券在握時，阿爾薩斯－洛林地區回歸準備工作，突然在 1918 年夏天加快進行。一位阿爾薩斯籍指揮官米榭，準備了一份計畫，以阿爾薩斯和洛林籍，甚至會說當地方言的憲兵組成一支憲兵部隊。這些人比起「內地的」法國人，更適合管理重獲自由後的阿爾薩斯和洛林。1918 年 8 月，這支專門憲兵部隊獲得批准，在上索恩省（Haute-Saône）呂爾（Lure）開設一個教育中心。

德國轄下的阿爾薩斯－洛林地區

經過動員加入德軍者約有 38 萬人，其中約有 5 萬人在戰場上死亡，2 萬 9,000 人被俘，被俘者中有一半又被囚禁在俄

20　譯注：詳見第一章。

國。我們可以舉出一些成功逃兵的例子，像是後來成為梅斯市
長的笳比耶‧賀卡（Gabriel Hocquard）教授就是其中之一。
還有一些例子是拒絕服從命令，甚至有少數遂行叛亂，一些阿
爾薩斯和洛林從事叛亂者遭到槍殺。為了防止私通法國士兵的
事情發生，絕大多數的阿爾薩斯－洛林服役者，都被派往東
邊的波蘭、白俄、烏克蘭、波羅的海國家及羅馬尼亞作戰，
有一些甚至派往鄂圖曼帝國[21]。但是，仍有一些阿爾薩斯和
洛林人在凡登、亞貢、索姆（Somme）、弗蘭德（Flandres）
等地作戰。在這些人之中，有些人就留在西部，有兩個人
的回憶錄在最近出版：一個是洛林人安東‧賈克（Antoine
Jacques），出身於霍斯多夫（Hallstrof）地區（屬於市鎮謝
爾克〔Sierck〕）；另一個則是阿爾薩斯人讓‧列區涅（Jean
Lechner）。然而，出身阿爾薩斯－洛林地區而在德軍部隊的
職業軍官非常少，其中可以舉出有些成就的例子是，普魯士最
後一任戰爭部長舒契將軍[22]。

　　在俄國，一個援助阿爾薩斯和洛林人的法國委員會在
莫斯科設立，並且為了能讓他們被送回法國，而與俄國當
局展開數場交涉。1916 年和 1917 年初，在阿爾漢格爾斯克
（Arkhangelsk）港口組成許多船團，沿著挪威海岸而行，目

21　譯注：後分裂為現今的阿拉伯各國及土耳其。
22　譯注：於 1915 年晉升少將，1918 年 10 月擔任戰爭部長同時晉升中將。

的是把這些人運往布雷斯特（Brest）[23]；其他沒有返回法國的人則離開拘留營地，前往一些由法國人投資的礦場、紡織和冶金企業工作。

在開戰後，德意志化工作開始加快進行：小學全面展開德意志化、禁止在街道或公共區場所說法語，並由法院證實將會以輕罪譴責或是判刑。有一些法國人的財產遭到扣押或清算，但是程序很慢，清算手續直到 1918 年 11 月都還看不到結果。

資訊受到全面控制，人們只能接收到官方宣傳，像是慶祝德國的坦能堡（Tannenberg）大捷[24]和拿下華沙（Varsovie）[25]，以及向德國英雄致敬等，其中最有名的德國英雄就是興登堡元帥。為了慶祝德國打勝仗和興登堡元帥過 70 歲生日，小學生都可以放假！還多次宣稱凡登已被打下：「已打下凡登」（Verdun ist gefallen）。這是假消息，但由於沃鎮（Vaux）[26]市區和軍事陣地難以分開，這個消息可能就在無意間被傳了出來，但在德國人聽來會是多麼的高興。戰爭借款壓力十分巨大，不得不對民間進行募款。

1915 年開始，生活變得越來越艱難：物價高漲、必需的

23　譯注：法國西部港口。

24　譯注：發生於 1914 年 8 月，德軍與俄軍在邊界的坦能堡交戰，由德軍獲勝。

25　譯注：波蘭首都。

26　譯注：進入摩澤省的要地，市鎮建有許多防禦工事。

主要糧食缺乏、分配制度開始實施，許多物資都無法取得，像是肥皂、咖啡、食用油及燃油。人們長久以來都還記得那種混合黑麥麵粉和麩皮，很有分量又實在的戰時麵包。購買鞋子要憑票券、教堂的鐘被取下製作成大炮、砍伐胡桃木做槍托。學校裡的孩子被迫收集樹葉、樹枝、蕁麻及山毛櫸果實。在1916 年至 1917 年和 1917 年至 1918 年冬季，生活物資條件持續惡化，變得越來越艱苦。如果說鄉下地方還有些餘裕——不過仍要接受徵用，在洛林和上阿爾薩斯城市及工業地區的人們遭受的磨難就更多了。

　　在支持政府的各界中，像是媒體界，就重新掀起一些對舊日爭議的討論：要維持阿爾薩斯－洛林地區，或是相反地，應該在德國無庸置疑地取得戰爭勝利後，將其拆分再併入相鄰德意志各邦中？普魯士要洛林和一部分的阿爾薩斯，巴伐利亞則想要鄰近帕丁納（Palatinat）的阿爾薩斯北部，連巴登大公國也在爭取之列。這些討論一直持續，沒有定論。帝國政府想要地方議會召集短暫會議，以取得效忠宣示，阿爾薩斯地方議會議長希克林則對此事施以援手。憎惡地方議會的總督達韋茲 [27] 公開表示反對自治，認為應該要考慮兩個方案：要麼就維持現行狀態，不然就把阿爾薩斯－洛林地區交給普魯士。

27　譯注：由於薩維爾納事件的發生（詳見第三章譯注 47），德國皇帝不得不於 1914 年另行任命新的總督，達韋茲即於當時就任總督一職。

德國媒體發表許多文章，表示德國治下的阿爾薩斯－洛林地區發展十分繁榮，更預言一旦回歸法國，「在經濟上會是一場災難」，就連在瑞士的德語系媒體也可以讀到類似的分析。

在併入普魯士的假設下，洛林將歸屬萊茵省。大部分的產業負責人都傾向支持併入普魯士的方案，一些地理和經濟上的論據也有利於這項方案。這些產業負責人也同樣希望隆維（Longwy）[28] 和布里埃（Briey）[29] 冶金工廠與鐵礦場也能併入。當局打算驅逐他們認為在洛林鄉村法語區不能被同化的那些人，並設置德國移入人口區。仿照在波蘭併入普魯士土地，設置推動德意志化協會模式，設置一個協會來執行這個計畫。查封一些法國人所屬土地的行動在 1918 年開始實施，但是對於設置德國人口移入區來說已經太晚。

在德國人的構想中，阿爾薩斯－洛林地區是不是可以成為一個自治邦？有人想過嗎？持社會主義的多數黨人 [30]，像是赫爾曼・溫德（Hermann Wendel）就曾思考這件事。而少數黨人像是卡爾・考茨基（Karl Kautsky）[31]，就曾在一本名為《阿爾

薩斯－洛林地區，一個歷史研究》（*Alsace-Lorraine, une étude historique*）的小冊子裡，回顧他所在政黨在 1870 年至 1871 年間，針對併入阿爾薩斯－洛林地區的反對觀點，並宣稱他支持「阿爾薩斯－洛林地區人民自決（Selbstbestimmung）」。在這樣的背景下，「阿爾薩斯－洛林地區人民的阿爾薩斯－洛林地區」還只是一句口號嗎？

1918 年，決定命運的一年：德國結束統治阿爾薩斯－洛林地區

　　1918 年 9 月 15 日開始，協約國取勝已然確定，法國輿論終於傾向樂觀，而「失落的行省」回歸也不過就是再幾個禮拜的事。洛宏・威亞德（Laurent Villate）在撰寫關於 1870 年那一代、當時正值 20 多歲的康彭兄弟（les frères Cambon）[32] 一書中曾指出，駐倫敦大使保羅・康彭（Paul Cambon）在 1918 年 9 月 29 日寫給弟弟朱爾・康彭（Jules Cambon）的信裡提到：「我們的戰況變得非常有利，這真是我們夢寐以求的事。……但是仍有許多重大問題要解決，我面對這些問題毫不畏懼，但不論這些會是什麼，我都盼望著能一雪 1870 年的恥辱，讓我能毫無遺憾地離開這裡。」為了能參與重獲自由後的阿爾薩

32　譯注：法國在第一次世界大戰前後知名的外交家兄弟檔。

斯－洛林地區事務，法國政府倉促建立一個阿爾薩斯和洛林事務工作總署（Service général d'Alsace-Lorraine），由負責處理總理事務的國務祕書朱爾・莊納內（Jules Jeanneney）領導，老虎總理[33] 則對他完全授權。在既臨時且急迫情況下，又沒有任何參考，該事務工作總署開始籌備負責重獲自由後的阿爾薩斯－洛林地區工作。

亞丁省（Ardennes），雷薩勒（Les Alleux），1918 年 10 月 3 日：五位阿爾薩斯－洛林地區德國部隊逃兵

「……這支烏合之眾的部隊毫無一點以往軍人的模樣。在這群人裡，沒有人搞得清楚狀況。……

當門一打開，我就認出那抹天藍色[34]，我馬上跳到走廊上。但是那位突然看到一個德國士兵出現在眼前的法國軍士馬上後退，拿出轉輪手槍瞄準我。我舉起雙手，大喊：『別亂來！』這位軍士發現眼前的德國佬竟然會說法文，更是嚇了一跳。他慢慢接近我，始終保持警覺，並問我是不是只有一個人。我招呼著在樓梯上的四位夥伴下來。隨著他們現身，這位軍士一直拿槍瞄準著。他很高興一下子

---

33 譯注：當時的總理為喬治・克里蒙梭（Georges Clemenceau），因為擔任總理時兼任內政部長，曾平息過數次大罷工，行事果決，故有「老虎」之稱。

34 譯注：法軍制服的顏色。

有五位戰俘到手，就領著我們一夥人到擔任營指揮職務的上尉軍官那裡。我們在那裡受到『拷問』，並交代所知情報，還和一些躺在地上的法國士兵交談一會兒，他們就隨處躺著，讓我們有一種像是遭遇夜間轟炸的感覺。……

指揮官和軍醫兩位軍官不知道該拿戰俘怎麼辦，在醫官的同意下，就讓我們擔任擔架兵。皮禾洛（Pierrelot）[35]試著說出：『長官，我們是洛林人。』那位軍官告訴他：『別擔心，你們的家鄉很快就會自由了。』我們推著載滿傷患的推車重回雷薩勒。到了鎮上，所有人都擠在一個地窖裡。法國士兵對我們很好，還給我們巧克力和其他東西吃，我們早就忘記這些東西是什麼滋味和什麼模樣了。這些都讓我們感受到友善。……

到了晚上，房子裡有一位上尉走出來，讓戰俘們站成一排，用他的手電筒一個一個仔細看著我們的臉。他在一間德國人的房子裡審問我們：讓他驚訝的是，我們居然用法文回答。在知道我們原籍是梅斯地區後，他讓我們進入地窖，然後開始審問。他拿著一本打字的檔案，裡面是最新情報，但這些情報和我們知道的不符。那些資料與德軍的現況完全搭不上，裡面顯示的德軍最近在這段時間內的部署位置都不對。在調整完畢後，我們的交談氣氛變了。上

35　譯注：應為其中一位戰俘。

尉拿出一瓶香檳，我們一起為勝利舉杯。在極熱情的氛圍
中，我們訴說在德軍中所受待遇。隔天，這位軍官幫我們
做了幾個臂章，還有幾包急救用品，上面用擦不掉的墨水
寫著大大的『A.L.』[36]，就是為了要讓我們容易被認出來，
並且同樣被好好對待。道別後，我們跟著一位騎兵走向未
知的命運。很快地，我們就知道許多法國人對於被併入德
國的洛林並不了解。臂章相當引人注目，別人一聽到我們
是梅斯人後，毫無例外地都回覆：『啊！你們是阿爾薩斯
人！』[37]……」

維克多・羅伯（Victor Robert）憶往，

刊於《舊普拉柏之友》（*Les Amis du vieux Plappeville*）

協會第 13 號通訊，2009 年[*]

在德國那邊，從 1914 年 8 月以來情況就陷入膠著，麥克
斯・巴登親王於柏林組成國會內閣後[38]，發生了一些重要改

36　譯注：此處應是指這些人的原籍是阿爾薩斯和洛林的縮寫。

37　譯注：梅斯是洛林首府，而非阿爾薩斯，阿爾薩斯首府是史特拉斯堡。

*　羅伯，1898 年出生於普拉柏（摩澤省），於 1916 年 11 月徵召入德
　　軍。他在東普魯士的柯尼斯堡（Konigsberg，於第二次世界大戰後劃歸
　　蘇聯，改名為加里寧格勒〔Kaliningrad〕）受訓，後被調往俄國一線。
　　1918 年春天回到西部戰線，參與攻打香檳（Champagne），隨後他所在
　　的部隊於夏末撤退到亞丁省。

38　譯注：第一次世界大戰末期德國敗退，國內政經俱敗，皇帝威廉二世任
　　命原領地在巴登的麥克斯親王組國會制政府以為因應。

變。麥克斯・巴登親王想辦法要保留德國統治下的阿爾薩斯－
洛林地區，於是任命原籍阿爾薩斯的史特拉斯堡市長史旺德
為總督。這位先生是道道地地德國治下阿爾薩斯－洛林地區
的產物，擔任史特拉斯堡市長任內十分出色，而後被召回柏林
出任國務祕書。在 1918 年 10 月 14 日回到史特拉斯堡後，史
旺德很快就發現接受的是一個不可能的任務。他試著尋求地方
議會選出議員支持，又任命阿爾薩斯天主教徒讓・豪斯（Jean
Hauss）擔任國務祕書。他在施政上鬆綁，釋放政治犯，嘗試
尋求自治，但情況變化太快，讓他全然無法掌握。

　　1918 年 11 月 11 日停戰協議簽署，讓史旺德的計畫全成
了徒勞。他離開故土，遁走德國，同時在史特拉斯堡由議長希
克林主持下的地方議會，也成為隸屬國家的委員會。在眾議院
前，大家歡呼迎接改制。總理喬治・克里蒙梭 [39] 高聲說出：
「身為波爾多抗議事件當事者中最後一位倖存者，我向大家承
諾過要拿回的阿爾薩斯和洛林，就在各位眼前！」他完全同
意舉行公民投票，普恩加萊的想法和克里蒙梭一樣，他大聲喊
著：「舉辦公民投票定案了！」在史特拉斯堡和梅斯，德國建
制的政府已經被推翻，幾天之內就如同在德國一般，成立數
個由工人與軍人組成的委員會，在法軍抵達時，各地都有。
梅斯城裡的德國皇帝雕像都被推倒在地，隨後再被放進火裡

39　譯注：即前述提到的「老虎」總理。

燒融。只有打贏巴贊元帥[40]的普魯士親王菲德希克－查爾斯
（Frédéric-Charles de Prusse），又稱為紅色親王，他的頭像被
保留，並在最近的一次展覽被展出。

在戰事結束前最後幾週，德國方面有些人有了讓阿爾薩
斯－洛林地區成立國家的想法，就是讓阿爾薩斯－洛林自治，
以成為在法國和德國間的緩衝國。但這種想法沒有任何社會
或是文化基礎。波蘭之所以能成立國家，是因為不論如何被分
割，波蘭的集體意識仍然存在；而一個阿爾薩斯－洛林國會是
徹頭徹尾炮製出來的東西，贏得勝利的法國絕對不會接受。歷
史和大多數居民的意念，都集中在要將「失落的行省」重新回
歸到法國大家庭。

德意志帝國在軍事與政治上的傾覆，導致帝國領地的阿爾
薩斯－洛林地區就此不復存在。阿爾薩斯－洛林地區隸屬德國
超過四十七年，在 11 月 11 日停戰協議生效十五天之後，又回
到了法國手中。

40　譯注：指 1870 年巴贊元帥帶領法軍躲在梅斯城內不出，遭德軍圍城後
　　投降。

| 第六章 |

「失落行省」的回歸

　　1918 年 11 月 11 日，停戰協議在荷通德（Rethondes）[1] 簽署，協議中要求德國部隊儘快撤軍。爭取「失落的行省」是法國參戰最重要的目的，這個目的讓這場戰爭成為一場「修復戰爭」。實現這個修復目的，比其他有關和平條約的談判還要優先。1918 年 11 月 11 日修正了之前在《凡爾賽條約》（Traité de Versailles）第 51 條所訂合併阿爾薩斯－洛林地區的既成事實[2]，使那天成為讓阿爾薩斯－洛林地區重新回到法國的日子。

　　這個「回歸」為歷史帶來一連串複雜的問題。法國對重新隸屬法國的省分做了一些什麼？如何引入法國與共和國法律？要不要保留德國立法？阿爾薩斯和洛林人如何在這麼快的改變中生活？對於一個和舊日相似的政治，當地人的反應又會如何？

---

[1]　譯注：位於瓦茲省（Oise）的貢比涅（Compiégne）行政區。

[2]　譯注：這裡所謂的「既成事實」，是指德國在 1870 年普法戰爭戰勝後併入阿爾薩斯和洛林地區一事，然後才在 1871 年透過《凡爾賽條約》的簽訂要求各國承認，藉此得到合乎法理的實質確認。

1918 年 11 月的主權更換

自 1914 年 8 月以來停滯不動的情況，從 1918 年 10 月中開始發生快速改變，而且不論在情勢上，還是所有人的態度上都難以掌握。有越來越高期待和希望的居民，表示出對德國的排拒。依據憲兵所做的最後幾個報告中大量提及，這種情緒在城市人群裡散布得比鄉村還廣，在洛林和上阿爾薩斯比下阿爾薩斯還要強烈，而在洛林東部與阿爾薩斯北部完全說德語的鄉村裡，很可能只是少數。

對於要執行接收和管理任務，法國政治一沒經驗，二沒夠資格的官員。更欠缺的是，法國只有統一又不分治的共和國政治文化，還有以巴黎為主管理各省的中央集權行政文化。這種「雅各賓」文化[3]主導的各種決定，也引起抗拒和反彈，這些抗拒和反彈的發生在阿爾薩斯更甚於洛林。

為了執行停戰協議中，關於阿爾薩斯－洛林地區的第 2 項、第 3 項和第 8 項，法國軍隊迅速進入阿爾薩斯－洛林地區，並部署直到萊茵河。法軍在 11 月 17 日抵達米路斯，11 月 21 日抵達梅斯，並於 11 月 22 日抵達史特拉斯堡，他們的到來受到歡迎，就像是對重獲自由的慶祝一樣。人們生活在

3　譯注：culture jacobine，原本源自於法國大革命期間成立反保皇黨與致力共和運動的政治團體「雅各賓俱樂部」（Club des Jacobins），現今指對中央集權共和政府的支持者。

法國三色旗下的愉悅持續好幾週。在 12 月開始的某天，一位持續私下寫日記的米路斯教師于塞不再使用德文，而以法文寫出自己的看法。1918 年 12 月初，普恩加萊與克里蒙梭到梅斯和史特拉斯堡進行正式訪問，這趟訪問取消 1871 年設下的邊界，並紀念阿爾薩斯－洛林地區的回歸。法國政府明確拒絕德國原本只作為參考居民意見舉辦的公民投票。還記得俾斯麥在 1871 年也清楚拒絕過。法國政府也拒絕承認地方議會的合法性，畢竟這是一個德國成立的機構，即便它已經改制為隸屬國家的委員會。巴海斯立刻回到他生活上衷心所繫的梅斯，感受獲得救贖的「神聖瞬間」。同樣流亡在外的阿爾薩斯和洛林人紛紛回到家鄉：科林回到梅斯、韋特萊回到科瑪、布雪回到史特拉斯堡。

1918 年 11 月改變的不只是國籍而已。在沒有過渡的情況下，阿爾薩斯－洛林地區人們直接從仍對不同成員留有自治空間的威權君主立憲體制，進入中央集權的共和體制 —— 批評者稱為雅各賓體制，並有著以國會為主導的政府。

1918 年 11 月 12 日，在一紙政令下創設一個臨時機構安排，即由負責處理總理事務的國務祕書莊納內主持的阿爾薩斯和洛林事務工作總署。從德國手中回歸的區域成為共和國的高級特派區。莊納內派遣自己任職內政部高級官員，專門處理警政事宜的妻弟喬治‧馬希內（Georges Maringer）到史特拉斯堡擔任高級特派員。馬希內有兩位專員協助：一位在梅

斯，曾於整個戰時擔任莫爾特－摩澤省警察局長的里昂·米赫曼（Léon Mirman）；另一位則是在科瑪的亨利·普雷（Henri Poulet）。為了接續因被併入德國而中斷的整體連續性，抹除德國對各省的命名，像是上萊茵、下萊茵和摩澤等名稱都要重新命名。然而，1871 年以來的行政區劃還不急著動手改變。

首要措施中的第一個就是引進法郎，下市馬克，兩者以1.25 法郎兌換 1 馬克進行交換。共和國專員很快就任命幾位臨時市鎮行政人員：對於小村鎮，原有村鎮長是阿爾薩斯或洛林人留任；對於大城市，曾對德國表示效忠的德籍市長或是阿爾薩斯、洛林籍市長，像是梅斯市長羅傑·弗海（Roger Forêt）都由臨時代表團取代，直到 1919 年 5 月另行舉辦市長選舉為止。藉由 1914 年就被解放的阿爾薩斯當恩和周邊區域為例，作為與共和國懷柔的象徵，而傳達在戰時霞飛將軍與普恩加萊總統做出不觸及學校和宗教地位的承諾。

在 12 月初，普恩加萊與克里蒙梭進行一次官式訪問，他們在梅斯和史特拉斯堡接受到「熱情與誠摯的歡迎」，到處都可以看到法國國旗，以及迅速法國化的公共場所。按照一位記者說法，這是「阿爾薩斯－洛林地區最好的時光」，以及「自由阿爾薩斯最好的時光」。當莊納內實施的體制準備好要回復到一般省級體制時，就遭遇阿爾薩斯和洛林人反對，他們害怕的是對宗教協議[4]與有宗教色彩的公立學校能否繼續。這裡可

以舉出一個例子，在 1919 年 2 月，有官員告發一位帝詠城總
司鐸尼可拉·瓦格內（Nicolas Wagner）的講話內容：「我們
歡慶帝詠城成為法國的，並且擺脫德國佬的傲慢統治。而對於
未來，我們真的未能完全確定，但應該抗爭時，我們一樣要起
而抗爭：如果需要，為了保衛我們的自由、宗教機構，我們一
樣要和法國政府抗爭。……我們以往是什麼，現在就是什麼，
而且我們更加確定自己想要的是什麼：是成為洛林人與天主教
徒。」更要注意的是，發表這些言論的司鐸曾被德國軍事當
局逐離他的堂區，並監視居住三年。在阿爾薩斯，我們也能舉
出其他相同的例子。主張世俗主義政教分離的克里蒙梭注意到
這些事情，但只有私下不滿，而並未做處置。1919 年春天，
他派遣一位重量級政治人物亞歷山大·米勒宏（Alexandre
Millerand）[5] 擔任高級專員，處理這些紛擾。

4　譯注：在 1801 年，拿破崙和教宗曾簽訂協議，同意天主教在法國享有
　　特定權利，但在 1905 年共和時期，基於政教分離和世俗主義的提倡，
　　法國通過有關政教分離法律，規定宗教不得干涉的世俗領域。剛回歸法
　　國的阿爾薩斯－洛林地區，深怕施行於法國的政教分離，也因而在當地
　　實施。
5　譯注：後來於 1920 年接替克里蒙梭成為總理，並於同年稍晚被選為總
　　統。

于塞在日記中記述法國領導人在米路斯受接待情況

「1918 年 12 月 7 日，米路斯的學生齊聚在中央學校校園內，以演練〈馬賽曲〉（La Marseillaise）[6]。……

1918 年 12 月 8 日，在多納區教會，習爾（Sheer）牧師說著這個曾經但今日又新加入的祖國，他為法國和法國總統祈禱。城市內街道上滿滿都是人。……到處都有人在為懸掛彩旗做收尾的工作。……

1918 年 12 月 10 日 13 時 30 分，總統專用列車開進車站，百發禮炮響起。普恩加萊總統、克里蒙梭總理及其他官員步行抵達，受到在人行道兩側的民眾熱烈歡迎。在這些貴客之前，就有傳訊者和號角聲在提前通傳。在他們到達時，兩千多名學生唱起〈馬賽曲〉，所有人脫帽，軍人敬禮。……」

于塞，《在法、德之間的阿爾薩斯教師，1914 年至 1951 年日記》（*Un instituteur alsacien entre la France et l'Allemagne, journal 1914-1951*），由法蘭克·泰諾（Frank Ténot，法國知名媒體人）出版，並由瓦爾說明且加注，阿歇特（Hachette）出版公司，《阿爾薩斯最新消息》（*Les Dernières Nouvelles d'Alsace*，簡稱 DNA），1989 年

6　譯注：法國國歌。

　　到 1919 年 11 月 1 日為止，阿爾薩斯和洛林仍受戒嚴管制，部隊演練著各種關於公共秩序、警察事務、司法、郵政檢查的能力，而在監管下的德國企業內，檢查官員緊密監視著他們的工作。

迅速排除德籍人口和德國利益

　　戰爭的持續和對立的粗暴，讓彼此都產生一些激越言論。德意志帝國在認為德國會獲勝的假定下，計畫將阿爾薩斯－洛林地區全盤德意志化，而軍方在戰時就已經開始著手進行作業。在法國方面，強烈仇恨感甚至在當時引發應該「把阿爾薩斯－洛林地區去德國化」的說法。如果德國戰勝，相信會用更嚴厲態度執行同樣的做法[7]。於是，驅逐——按人們對這些人的稱呼——「不受歡迎的」德國人，就在粗魯和快速的方式下進行。設置於軍事當局下的各揀選委員會進行揀選工作，他們有權自行裁定，並相應設立 A、B、C、D 四種身分證件。所有原籍為德國者分配 D 類證件，這就是一種對他們的歧視。一些德國人在遭到驅逐前就自行離開，按照行政上的說法，這些人是「自願離境者」。驅逐措施自 1918 年 12 月開始實施。每位被驅逐者可以攜帶 30 公斤行李、兩日口糧和 200 馬克。

7　譯注：即去法國化。

在這些被驅逐者中，有些人在阿爾薩斯－洛林地區居住了二、三十年，甚至四十年，他們必須放棄自己的財產、房子、朋友，而且再也無望回來，痛苦又羞辱地被連根拔起。

與德國政權有關係的阿爾薩斯和洛林人也一樣受到牽連：史旺德 [8]、佩特里 [9]、古茲 [10]，以及其他在 1918 年 11 月還想爭取德國賞識的人。曾為梅斯前任議員的律師戈果亞在 1919 年 1 月遭到逮捕，並送往德國邊界。其他一些人因為受到德國文化浸淫得不夠深，得以留在這塊他們曾以鄙視和詆毀為榮的土地上，在回歸法國幾個月後，他們希望能到德國生活。有些家庭因而被痛苦拆散，我們可以看到米路斯教師于塞的家庭就是這樣，他的大女兒嫁給一位阿爾薩斯人弗希茲·彭內（Fritz Bronner），是在希克維爾（Riquewihr）從事葡萄酒釀酒工作者的兒子。彭內喜歡德國，於是這對年輕夫妻就前往法蘭克福居住；兩位小女兒後來則嫁給兩位原籍夏宏德省（Charentes）的年輕法國男子。我們回頭談談在選擇德國的阿爾薩斯和洛林人之中，有兩位有著令人驚異且命運相互對照的人。第一位是抱持基督教工會主義的阿爾薩斯人約瑟夫·喬斯（Josef

---

8　譯注：即第五章提及德國統治時期曾任史特拉斯堡市長及最後一任總督魯道夫·史旺德。

9　譯注：即前文提到曾任司法副國務祕書的埃米爾·佩特里。

10　譯注：應指曾任地方議會議員的阿道夫·古茲。

Joos），他選擇定居在自己曾當選為帝國議會代表的德國，後來被納粹關押在集中營內，存活下來後在德意志聯邦共和國[11] 中取得相當的成就[12]。第二位則是法朗茲・達蘭（Franz Dahlem），他是一位在薩哈伯的工人之子，積極參與共產黨，在納粹統治期間，達蘭轉入地下；第二次世界大戰時，他潛回法國南部，加入反抗軍，1945 年回到德國，成為德意志民主共和國[13] 的創建者及領導人之一，並在1982年於東柏林去世。

德國在威廉一世和俾斯麥掌權時，還是會尊重法國人的私人財產。然而，德國留下的房產和工業、商業及銀行資產，卻遭到法國的管收和清算，包括勞士領公司、在佩希爾彭的鉀鹽與石油礦場，還有區域性的小商家。阿爾薩斯和洛林鐵路部門是一家公營企業，開發的鐵路網超過 2,300 公里，雇用人員將近 4 萬人，從 1918 年後直到 1938 年 1 月 1 日併入法國國鐵（SNCF）[14] 為止，都是維持國營。

至於自願離境者，到底有多少德國人是被強制驅離阿爾薩

11　譯注：即所謂的「西德」。

12　譯注：約瑟夫・喬斯反對納粹主義及於二戰期間曾幫助法國反抗軍，以致被捕並被送入集中營，更遭剝奪德國國籍。二戰後加入基督教民主黨，並成為德國總理顧問。

13　譯注：即所謂的「東德」。

14　譯注：全名為法國國家鐵路公司（Société nationale des chemins de fer français）。

斯－洛林地區的？數目很不確定，在數個月內就有將近 5 萬人，總人數在 1920 年初時就超過 10 萬人。薩爾地區居民，因為才預先脫離德意志帝國，就免於被驅逐。留下的大多是貧窮的德國人、礦工及從事冶金工作的勞工，我們在洛林的幾個地方，像是阿貢當吉和阿爾格汗吉都可以觀察到這些例子。

漢斯以冷酷又戲謔的刻畫，描繪出可笑的德國人通過前往凱爾（Kehl）[15] 的橋梁，這些漫畫不論是在以往和現在都仍能引人發笑。伴隨著驅離而來的這些蠻橫、掠奪、羞辱，都在滋養著深刻的反法情結。1940 年，納粹就拿來作為強橫驅逐阿爾薩斯和洛林人合理化的依據。

對法國而言，人們對「失落的行省」回歸歡欣雀躍。到處都刻下碑文，讓後代記得這件事。1920 年 6 月 24 日，在錫永丘（colline de Sion）[16] 舉行一場盛大慶祝會，許多議員和主教都出席。巴海斯相當高興，大聲說出：「阿爾薩斯和洛林的聲音重新加入法國人的和聲之中了。」為了這個場合，一位管理教堂的神父以大家熟知的〈阿爾薩斯和洛林將不再屬於你們〉[17] 的曲調創作一首歌曲——〈站起來，洛林！〉（Debout

---

15 譯注：位於萊茵河畔的德國市鎮，隔著萊茵河，對面就是史特拉斯堡，兩地現有公車及輕軌相連。

16 譯注：位於莫爾特－摩澤省。

17 譯注：Vous n'aurez pas l'Alsace et la Lorraine，為 1871 年為普法戰後，德國併入阿爾薩斯－洛林地區而作的歌曲，又名〈阿爾薩斯和洛林〉。

Lorrains!）。在南錫的聖里昂教堂一根柱子上，人們仍然可以讀到「聖人奧迪（Sainte-Odile）[18]，請保祐阿爾薩斯和洛林回歸法國」的刻文。

重新編入法國行政區劃、司法體系和海關管制

在四十八年被併入德國的歲月裡，阿爾薩斯－洛林地區人們的生活環境是屬於另一個國家。現在的法國仍承繼著一部分來自早於 1870 年以來的司法、宗教、社會及文化體系，像是 1801 年的宗教協議和對待各宗教的體制等。這些遺緒並不是只靠一紙約定就可以抹除，直到我們所在的今天，許多像這樣的法律運行基礎在阿爾薩斯和洛林仍然存在。

中央集權政治和莊納內執行的迅速同化政策，引發很多的不滿。從 1919 年開始，媒體紛紛報導克里蒙梭被迫不予理會的「阿爾薩斯問題」。克里蒙梭建立一個共和國總特派員公署，首先派遣一位政治人物米勒宏到史特拉斯堡。米勒宏暫時安撫這些不安情緒，向大家保證保留宗教協議與帶有宗教色彩的公立學校，支持更換梅斯和史特拉斯堡的德國籍主教。因此，南錫主教查爾斯·于許（Charles Ruch）旋即被任命為史特拉斯堡主教，而梅斯則由代理本堂神父讓－巴蒂斯特·佩德

---

18 譯注：為阿爾薩斯的守護神，又稱為「阿爾薩斯的奧迪」。

（Jean-Baptiste Pelt）接替本茲勒主教。

實現重新與法國整合的工作花費時間不長，大約六年多。這樣的速度被認為有些急迫，而且不太尊重居住在當地的人民，造成許多挫折和不滿，尤其是在阿爾薩斯。1919 年，大部分的行政工作都由原法國官員擔任。當然，大部分領域，像是小學教育，都由阿爾薩斯和洛林人擔任教師。在他們的觀念中，先前建立以當地人為主的官員結構維護的是德國統治時期利益，以前所有由德國人擔任的政府職位，都替換成「內地的」法國人，其中絕大部分的人都蔑視德國。這種心態造成相當多的問題與誤解，只能隨著時間而逐漸被消化。當地法庭在 1919 年 2 月 4 日開始採用法國法律司法體系。小學教育方面，大部分的教師都是當地人，許多人對法文的理解程度不夠，在教學上出現困難，在適應上也出現許多障礙。在初中和高中，德國人被辭退，而當地教職員所占比例很少，於是一些法籍教職員在沒有緩衝的情況下，就必須執行法國實施的課程。「由內地來的」法國幹部和出身自當地的幹部彼此關係不太好，不時會發生衝突，並成為挫折感來源，因而自治的念頭很快就萌生出來。在史特拉斯堡大學裡，有將近 90% 的高階教職員職位是「由內地來的」法國人擔任。在這些新任的人事中，許多原籍阿爾薩斯的人，像是索邦大學中世紀研究者費斯特，就要求回到史特拉斯堡。一些法學專家，則被賦予籌備引進法國法律的工作，像是專研民法的朱利略・莫宏迪耶（Julliot de La

Morandière）就是其中之一。學術研究和大學機構藉由史特拉斯堡學區（l'académie de Strasbourg）[19] 的設立而穩定下來，史特拉斯堡學區直到 1970 年代，還在從事將三個行政區的學校集中管理的工作。

引進法國法律體系的準備工作，由位於史特拉斯堡的一個委員會負責，在參與這個委員會成員裡，就有菲德希克‧艾卡（Frédéric Eccard）[20] 和舒曼。後來是由國會在討論中取得優勢。而提交多份報告並做代表發言的，是在 32 歲之後才成為法國人的舒曼。法國民法和商法在 1925 年 1 月 1 日生效，就如同報告發言人所說的，這是一個「不完美但必須的妥協」，因為「立法者不認為應該摒棄繼續使用一部分的地方法」。使用「地方法」這個詞彙，包括的就是之前曾在併入德國時期採用而被保留下來的所有法律：一部分是在 1870 年之前的法國法律；另一部分則是德意志帝國法律；最後一部分則是曾由地方議會投票通過的法律，也就是由之前的代表委員會，而後是地方議會所通過的法律。

由於阿爾薩斯－洛林地區和德國連結緊密，兩者在經濟與往來上不可能一夕之間就斷絕：洛林的鋼鐵產業非常需要魯爾

19 譯注：「學區」（académie）是法國在教育行政體制中特有的行政編制，主管部門為教育部和高等教育及研究部，基本上是管理每個行政區劃中一級單位「大區」內的教育和學術機構。
20 譯注：法學家，後被選為代表下萊茵省的參議員。

的煤，而魯爾的企業雖然被強制取走礦場和工廠，卻能很快地用瑞典與西班牙礦石迅速取代洛林鐵礦。然而，當德國銀行停止了信貸，迫使史特拉斯堡銀行在 1919 年初要向洛林冶金工廠投放大量借貸，而這些借貸對它們相當重要（依據奧古斯丁‧韋茲格〔Augustin Witzig〕上尉在 1919 年 1 月 18 日留下的紀錄）。許多以往有德國供應商的城市與企業，都有對維修和零配件的需求。《凡爾賽條約》就是因為預見這種情形而預留一段過渡時間，讓這些重新回到法國的省分直到 1925 年 1 月 15 日才納入法國海關體系。德國市場的關閉對摩澤和阿爾薩斯葡萄種植業者、瓦皮的草莓生產業者，以及許多產業都是一場災難。在經過公民投票決定後，薩爾再次回到德意志[21]前，就是直到 1935 年為止，奶製品、肉品和穀類都還能繼續在薩爾地區販售而毫無問題。

　　由於要擔任民族聯合集團（le Bloc national）[22] 負責人的米勒宏，在史特拉斯堡待不到一年，之後很快就繼克里蒙梭之後擔任總理，並於總統保羅‧德沙內（Paul Deschanel）因病無法行使職務後接任總統。米勒宏在取得巴黎協助下，為地方發展規劃制定出十二個方向。在米勒宏離開後，總特派員很快

21　譯注：《凡爾賽條約》中規定薩爾地區交由法國和英國占領及代管，十五年後經公民投票決定去留，也就是 1935 年。

22　譯注：法國政團之一，由政治立場屬中間偏右的政黨組成，為 1919 年至 1924 年間法國的執政聯盟，總統普恩加萊亦屬此集團。

就排除他的構想和使用的人員，以往屬於副總理負責的阿爾薩斯－洛林地區事務工作，由總統普恩加萊交給友人巴圖主持。

1925 年底，總特派員公署的工作由位於巴黎的阿爾薩斯和洛林事務工作總署取代，除了宗教事務仍留由史特拉斯堡處理。應該歸屬於部會的工作總署，常常交到總理處。該單位以對阿爾薩斯與德國事務相當有經驗的保羅‧瓦勒（Paul Valot）擔任負責人：他曾在戰時做過當恩行政區的管理工作，接著在 1918 年至 1925 年間，曾以巴伐利亞帕拉丁納占領區（Palatinat bavarois occupé）[23] 高階代表身分，住在斯庇赫（Spire）。在任十四年間，他穩定行政管理工作的連續性，直到被維琪政府（régime de Vichy）召回為止。

政治重組

1919 年間，一項政治重組工作於焉展開。在德國政黨離開後，一些留下的社會民主黨人加入工人國際法國分部。他們的領導人取得兩個阿爾薩斯大城市的管理權：賈克‧佩侯特（Jacques Peirotes）成為史特拉斯堡市長、奧古斯特‧威奇

23　譯注：第一次世界大戰後，為建立德、法間非軍事區，藉著《凡爾賽條約》規定，由協約國占領萊茵地帶（les territoires rhénans），並建立一個高級委員會負責管理。該項占領在 1930 年結束。

（Auguste Wicky）成為米路斯市長。1920 年，剛成立的法國共產黨脫離社會主義政黨分部，並在史特拉斯堡郊區和摩澤省贏得不少群眾關注，特別是鐵路員工與鐵礦工人。法國共產黨在十餘年間都和德國共產黨維持聯繫，並捍衛德語的使用，甚至在1926年讓《阿爾薩斯－洛林人道報》（L'Humanité d'Alsace-Lorraine）成為一份使用雙語的日報。

法國政黨重新聚集在右派與中間路線下，中央黨承繼者和一些地方政黨重組為兩個政團：一個在摩澤（洛林共和聯盟〔Union républicaine lorraine，簡稱 URL〕）；一個在阿爾薩斯（人民共和聯盟〔Union républicaine populaire，簡稱 URP〕）。天主教教士在這兩個政團裡具有相當影響力。在政團方面，受新教文化影響的自由民主主義者自行成立屬於他們的政黨，並和天主教達成一項選舉協議。在 1919 年 11 月 16 日舉辦的立法選舉上，他們提出的名單使用民族聯合集團的標示，這些列在名單上的被提名者獲得絕大多數選票，同時贏得所有議員席位。1919 年 12 月 8 日，這些勝選者被恭謹地迎進議事廳，紀念波爾多和柏林抗議事件，並公開表達他們身為法國人的意願，在接下來的參議員選舉更推動這個態勢，其中除了教士韋特萊外，沒有一位議員曾經出任德國議會代表，所有議員都是新手，從未具備參與國會工作的經驗。有些人的法文程度還僅是過得去而已。在勝選的議員裡，我們發現有許多人是在德治期間選擇離開的流亡者之子女，像是一直住在賽勒斯塔的實業家

偉勒，被選為上萊茵的參議員；還有曾任駐外大使的莫里斯‧彭帕（Maurice Bompard），被選為摩澤的參議員。1919 年，信仰天主教的年輕律師舒曼被選為摩澤議員，那年他正值 33 歲。接下來幾年，舒曼讓自己成為國會裡代表重回法國省分中活動力最強又最勇於嘗試的國會議員之一。年輕的羅勃‧賽侯（Robert Sérot）是曾選擇流亡在外的梅斯人之子，出生於聖迪茲耶（Saint-Dizier），也被選為摩澤的議員，並開始身為國會議員的職業生涯。

在 1920 年間，洛林／摩澤不再和阿爾薩斯綁在一起。在這其中，摩澤人有著強烈的反阿爾薩斯情緒，寧可跟巴黎協商，而不願聽從史特拉斯堡的指使，然而這並不影響他們一起維護的共同利益。不過，就算阿爾薩斯－洛林地區不再是正式行政區劃，但日常生活中還是繼續使用這個說法，像是人們仍然會說阿爾薩斯－洛林地區工會、阿爾薩斯－洛林地區鐵路網等等。

阿爾薩斯的紛擾和自治危機

在回歸法國的第一個月就出現紛擾，米勒宏想要平息而未成。這場紛擾的主要成因有三個：第一個是語言順序地位，就是法語遭到忽視，學校、行政、企業、交通、媒體仍維持使用德語，說德語的人卻感到被瞧不起，感覺法國人都視他們為二

等公民；第二個原因是太快引進使用法國法律，因而造成 1920
年 4 月 20 日教師和公務人員因為抗議過於快速，讓他們無法
接受適應而發起罷工；最後則是天主教教士一直會擔心政教分
離法律的引進，這是當時大部分居民還尚未準備接受的事。

愛德華・赫里歐（Édouard Herriot）計畫的失敗

　　領導左派聯盟內閣的赫里歐，在 1924 年 6 月 19 日根據下
萊茵省工人國際法國分部議員威爾提出的意見，在內閣宣言中
公布將於阿爾薩斯－洛林地區引進下一波共和國法令。阿爾薩
斯和洛林議員（23 席中有 21 席）都委託舒曼，要將他們對在
1918 年所做承諾遭到違背而感到錯愕做出表示。當年夏天，
天主教成立一些公開集會表示抗議，並簽名請願，接著帶動新
教與猶太教跟進。面對這一波他們沒有預料到的抗議，赫里歐
並未正式撤回計畫，但是也猶豫再三而並未執行，直到保羅・
潘勒韋（Paul Painlevé）繼任後才取消計畫。從這天起，或者
即使在 1945 年，就再也沒有任何協議及關於學校的法令會明
顯引發爭議，並且一直持續到現在。這種情況讓主張政教分離
的團體一直不滿，他們一再要求撤銷也是徒勞。

　　就算這場在眾人眼前的衝突持續六個月，總特派員公署仍
在 1925 年 10 月 15 日解散撤銷，由位於巴黎的一個工作總署
取代。有四項工作仍留在史特拉斯堡，就是國民教育、宗教、
社會保險，以及地方官員的人事管理和退休事務。

1925 年至 1929 年的自治熱潮

　　重新納入法蘭西共和國的過程，是紛擾發生的主要原因，其中赫里歐想要推動政教分離的意圖，造成紛擾擴散並產生相當大的後遺症。這波自治運動不僅止於在天主教徒身上，還有居民們擔心的一些其他地方，尤其是在學校、公共區域及企業中對德語的使用。所有曾受到德國文化影響的人，都將法國化的做法視為對地方上住民權（Heimatrechte）的基本權利所做傷害。自治運動發展，包括天主教徒、一部分新教徒、工會和受德國共產主義影響的工人，影響範圍既廣，也相當多元。不同組成分子在乎的焦點很多，接受這些想法的人不只是參與推動的核心分子而已，影響力遍及阿爾薩斯和洛林／摩澤東北部的社會層面。

　　最受人矚目的示威動作是，1925 年 4 月一份在薩維爾納出版的自治報紙《未來報》（*Die Zukunft*，*Le Futur*）創刊。這份報紙成為一項民間運動保護家園（die Heimatbewegung）的發聲場所，而德文 Heimat 難以翻譯成法文，意思就是個人的小家園。運動領導人是約瑟夫・侯賽（Joseph Rossé），為地方產業的工會幹部。他找到曾在德國帝國議會任天主教代表，並在地方議會擔任議長，有「松戈」（Sundgau）[24] 雄獅之稱的希克林，作為道德上的支持。《未來報》因為消息靈

24　譯注：阿爾薩斯的一塊地區。

通而擁有許多讀者。家園協會（Heimatbund）於 1926 年 6 月 8 日 [25] 公開發布一篇聲明，而《未來報》則幫忙為之造勢，這篇聲明懇請法國尊重保護家園運動對地方權利的要求，強調阿爾薩斯和洛林人是「少數」，並且要求「在法國體制內擁有完全的自治」。這篇聲明取得數百人連署支持，其中洛林就有近百人簽名，主要是在洛林東部。主管阿爾薩斯－洛林地區事務的部長皮耶‧拉瓦爾（Pierre Laval），對參與連署的官員和市長進行處分。該聲明得到的響應，超出原先所想和所要贏取支持的範圍。部分阿爾薩斯天主教徒，在擔任《家園》（Die Heimat）雜誌和「阿爾薩西亞協會」（la société Alsatia）負責人教士海吉的說明下，認識這個議題的發展，並起而反對針對簽名者的「不公平」處分。

對他們而言，那些從 1920 年以來就要求阿爾薩斯－洛林地區自決的共產主義者撰寫的另外一份文章，在沒有強調政教分離下，對制度層面和批評國家壓迫，以及法國資產階級上的問題，比所想的更為長遠。

普恩加萊和持自治主義者

在家園協會聲明發表後不久，普恩加萊就重回執政。他在愛麗榭宮時，就十分關切阿爾薩斯的問題，並交代給總理。

25　譯注：年表中指為 5 月 8 日發布，此處則為 6 月 8 日，兩者中應有一處有誤。

他主持史特拉斯堡大學之友協會（l'Association des amis de l'université de Strasbourg），並成功說服老友費斯特接下史特拉斯堡學區區長的重要職務。於是，這位中世紀文化研究學者離開索邦大學，前來回歸法國的史特拉斯堡大學教授所學。普恩加萊曾自問：就這樣對自治運動聽之任之？還是應該對背後可能有德國勢力運作的自治運動者強行鎮壓？在經過一年多的猶豫和舉棋不定後，普恩加萊決定採取鐵腕整治三份支持自治運動的報刊，《未來報》就在其中，並逮捕自治運動領導人，身為天主教徒與教師的侯賽。1927 年耶誕節前夕，一項對自治運動各處的搜查行動展開，造成二十起拘捕事件。採取這項行動的時機不對，而自治運動者更利用大眾對這項行動是不對認知的普遍心理，推出候選人參加 1928 年 4 月的立法選舉。這些參選人無論在阿爾薩斯或洛林都取得不錯的成績，在第二輪投票時 [26]，支持自治的選票不管左、右派都集中在一起，讓許多主張自治的候選人當選，其中還包括被囚的侯賽和希克林。雖然人數上距離成為多數還差很多，但是主張自治的民意代表力量仍難以忽視。

　　這些被控訴者經解送到上萊茵省刑事法庭審判：這就是長期以來在司法和政治記述中，經常被人討論到的「科瑪審判」（procès de Colmar）。審判進行得很糟，並未能蒐集到有力的

26　譯注：法國選舉制度為兩輪投票制，第一輪候選人票數到達門檻後可進入第二輪決選。

證據指證這些被控訴者，還對那些在逃嫌犯處以缺席判決。最高法院後來撤銷科瑪的判決，另交由貝桑松法院審理，而該法院則做出多起無罪判決宣告。

有數個政黨分別表達自己的自治主義觀點。在洛林，在維克托・安東尼（Victor Antoni）推動下，一個德語少數黨於 1929 年從占多數席位的洛林共和聯盟中分離出來，並在東摩澤省議會取得三個席位。在阿爾薩斯，情形更複雜，一個由阿弗瑞德・歐柏奇（Alfred Oberkirch）帶領，主張支持法國的少數黨，為了建立阿爾薩斯民族人民行動黨（APNA）[27] 而脫離天主教政黨。天主教政黨中，有持自治論、自治推動者及其他人。而在共產黨方面，一些少數派在議員查爾斯・約伯（Charles Hueber）和讓－皮耶・慕黑（Jean-Pierre Mourer）主導下分裂出來，成立阿爾薩斯共產黨。1929 年，得益於和教士自治主義者的聯盟，約伯獲選為史特拉斯堡市長。侯賽在出獄後，即列席於波旁宮（Palais-Bourbon）[28]。1930 年代初期，自治運動式微。在競選上萊茵參議員以些微差距失利後，教士海吉的死亡[29] 標誌一個轉折。接著希特勒在 1933 年 1 月 30 日執政，隨著國家社會主義體制快速崛起，削減自治主義的

27　譯注：全名為 Action populaire nationale d'Alsace。
28　譯注：法國國民議會所在地。
29　譯注：海吉死於 1932 年。

空間。1932 年與 1936 年，自治主義者侯賽及馬塞爾・史都麥（Marcel Sturmel）都輕鬆再度當選議員。直到 1935 年，主張民族主義者才從主張自治主義者手中，重新取回史特拉斯堡市長的位置 [30]。

但不論重新納入法國的進展如何，阿爾薩斯和洛林人一直覺得遭受其他法國人的差別對待與不被理解。這裡所謂的其他法國人，他們稱為「內地的」法國人，包括相鄰阿爾薩斯的省分，在南錫和弗日省的人。在碰面且氣氛友好時，弗日的年輕人會聽到阿爾薩斯的年輕人對他們說出：「在法國的你們。」他們總是遭遇許多不理解，語言、口音、生活習慣，在在讓他們感到格格不入。然而這不僅止步於弗日山脈，無論是西部、中部還是南部的法國人也一樣！在 1939 年 9 月 [31] 大撤離時，成千上萬的阿爾薩斯和洛林人都感受到這種痛苦經歷。

德國對阿爾薩斯－洛林地區的看法

在德國看來，失去阿爾薩斯－洛林地區並不會讓他們覺得是真正的傷害，真正的傷害發生在國土的東邊，重建後的波蘭

30　譯注：在約伯之後，當選史特拉斯堡市長的是查爾斯・傅萊（Charles Frey），屬於民主聯盟（Alliance démocratique），政治屬性為中間偏右，即主張自由主義與溫和的民族主義。

31　譯注：1939 年 9 月，法國對德國宣戰。

和德國之間新立的邊界，才是他們不能接受的。許多原本屬於
普魯士超過一個世紀的省都成為波蘭的領土，由波蘭走廊將東
普魯士分隔開來，更被認為是一種差辱和荒謬。這也是德國不
會像 1871 年後的法國一樣，想要激起對阿爾薩斯－洛林地區
問題爭議的原因。不過，為長遠計，德國仍想申明阿爾薩斯－
洛林地區在自治問題上的權利，這項操作一經進行，對結果也
不用賦予過多期待。這種現實主義並不妨礙威瑪共和國的德國
領導人們，對那些要求阿爾薩斯－洛林地區回歸德國的當地
協會提供支持與援助。例如，1919 年初在巴登－巴登（Baden-
Baden）設立的「阿爾薩斯－洛林地區自由共和執行委員會」
（Comité exécutif de la libre république d'Alsace-Lorraine），就
主張公民投票，並得到信仰天主教且曾參與《凡爾賽條約》
談判的部長馬蒂亞斯・艾茲伯格（Matthias Erzberger）撥款補
助。在委員會的三位領導人於下萊茵省的刑事法院判刑後，這
項財務支援在 1920 年 3 月就遭到凍結。

在 1920 年代，德國領導人再次重申阿爾薩斯－洛林自決
權，並試著利用阿爾薩斯發生的紛擾。派駐巴黎的外交人員明
確在報告中一再建議要審慎應對，而重新將阿爾薩斯－洛林地
區納入法國也的確有困難，法國官員的作為雖然頻頻造成居民
心裡不認可，但是這些舊日景況（宗教間的平和、德語的使
用、對社會立法的依恃），並不會破壞大多數阿爾薩斯和洛林
人對法國無可爭議的喜愛。主張自治論者仍是少數，就算影響

有時會擴大，卻還是少數。

　　從阿爾薩斯－洛林地區流亡回德國的人，組成一個約有
15 萬成員的壓力團體。1920 年，這個團體主導在法蘭克福大
學成立阿爾薩斯－洛林地區研究所，這個研究所編輯一份期
刊，並在二十年間發行許多出版品。該組織擁有很有效率的領
導群，其中包括舒契將軍[32]、曾任史特拉斯堡市長的史旺德，
以及阿道夫‧古茲（Adolf Goetz）。歷史學者沃夫岡‧弗恩德
（Wolfgang Freund）以學術方式，開始對這個研究所在政治
和文化進行歷史研究。在這些阿爾薩斯和洛林人之間，較多
的是阿爾薩斯人。而洛林人中，有一個名字較令人注目，教士
弗朗索瓦‧海馬亨涅（François Reimeringer）。他在 1918 年
前曾是福爾巴克（Forbach）和梅斯聖厄凱爾（Saint-Eucaire）
的副本堂，而第一次世界大戰後，他有好幾年都從事編寫天
主教日報《日耳曼尼亞》（*Germania*），隨後到弗萊堡大學
教書，並且還是期刊《內在生命》（*Das innere Leben*，*La Vie
intérieure*）的負責人。最後，在尚未闖出名號的年輕一輩裡，
應該要注意的是原籍比奇自然區（le pays de Bitche）奧特維
萊（Hottviller）的厄門‧必克勒（Hermann Bickler），他在
第二次世界大戰期間成為納粹黨負責史特拉斯堡的地區主管
（Kreisleiter）。

32　譯注：原籍阿爾薩斯，詳見第二章。

祕書長羅勃・厄斯特（Robert Ernst）任事積極，並提供媒體大量資料及來自各方面的社會新聞。他在 1924 年 10 月重新回到阿爾薩斯，並主持涉外事務，且為操作媒體爭取經費為目標，特別是為自治報紙《未來報》的成立爭取經費。基於謹慎起見，德國政府拒絕在財務上與之有所牽連。厄斯特找到私人資金支持《未來報》發刊。對於他們，薩爾的產業界——如同從 1918 年之後，就一直和法國當局有摩擦的勞士領公司——則對其他的活動投入表示支持。厄文－馮－史坦巴赫基金會（la Fondation Erwin-von-Steinbach）[33] 的成立，是為了支持法蘭克福研究所發行出版品、期刊及書籍，在這些出版品中，還有曾在梅斯擔任檔案管理員，以及在史特拉斯堡大學圖書館擔任負責人的沃夫朗，主持彙編的四冊《帝國領地阿爾薩斯－洛林》（*Reichsland Elsass-Lothringen*）。這部記錄著德國過去經營阿爾薩斯－洛林地區榮耀的著作，講述德國占領時期完整又正面的總結，尤其是對於城市化、各項便民工作和公共建築等方面成就，直到今天都還值得參考。

德國共和政府仍然對阿爾薩斯主張自治者提供資金，讓他們依舊表現出曖昧不明的態度。1945 年後，由於德國提供資金流向都在部會檔案中留有紀錄，證實德國所為。1925 年

33　譯注：這是以一位曾參與史特拉斯堡大教堂建築的德籍建築師為名的基金會，現今在該教堂前還有他的雕像。

10 月進行《萊茵協議》（pacte rhénan）談判和簽署——協議
又被大多數人稱為《羅加諾公約》（pacte de Locarno），這是
由四國（法國、英國、義大利、德國）簽訂的著名公約，由
阿希斯蒂德・布里翁（Aristide Briand）[34] 代表法國，古茲塔
夫・斯特茲曼（Gustav Stresemann）[35] 代表德國。阿爾薩斯－
洛林地區問題是這份國際公約中的核心部分，而各方對這份
公約解讀各有不同。按照布里翁理解，德國完全承認西邊新邊
界；而斯特茲曼則認為，德國只有說放棄使用武力改變西邊邊
界而已。德國方面認為對阿爾薩斯自治問題的各種不同評估，
包括性質、影響等，都有所本。德國駐巴黎大使雷歐伯・馮・
霍許（Leopold von Hoesch）則設法減低阿爾薩斯－洛林問題
影響，並曾以文字表示，大部分的阿爾薩斯人都贊同且支持總
統普恩加萊的政策。德國政府官員 [36] 認為，自治運動是阿爾
薩斯地方民眾（Volkstum）所做的自主表達，應該祕密且不著
痕跡的給予支持。斯特茲曼及其國務祕書同意這項意見，自

34　譯注：當時的法國外交部長，曾任總理，並因推動法、德和解而獲得諾
　　貝爾和平獎。

35　譯注：當時的德國外交部長，曾任總理，與布里翁同時獲得諾貝爾和平
　　獎。

36　譯注：這裡原文中使用德文 Wilhelmstrasse 表示德國政府，但這個德文
　　的實際意義是指「威廉大街」，而該街為德國主要行政機構，如總理府
　　及外交部所在地，因而意指「德國政府」。

1925 年底開始，德國外交部提供自治運動者資金支援。這項資金挹注一直持續到 1939 年。克里斯蒂安・拜許勒（Christian Baechler）研究顯示，這筆金援數額極難計算：剛開始時，金援投入討論或推動自治運動的德語報紙，而後在 1928 年選舉時轉向政黨。支援金額並非直接交付，而是由厄斯特經手轉交。天主教那邊則相信這些資金來自於私人，常由埃米勒・克雷蒙・雪黑（Émile Clément Schérer）神父轉交。1929 年 4 月，當斯特茲曼開始進行萊茵河兩岸地區撤軍談判時[37]，對政黨的金援開始減少（再者，1928 年立法選舉已過），對文化協會的補助規模則和以前一樣。斯特茲曼死後[38]，問題交由最高階領導人討論，最後對政黨金援仍予維持。

37　譯注：《凡爾賽條約》和《羅加諾公約》，要求萊茵河兩岸地區非軍事化，德國應自該地區撤軍，而德國也要求法國軍隊也自該地區撤軍，於是與協約國盟軍展開談判。

38　譯注：斯特茲曼在 1929 年 10 月死亡。

| 第七章 |

再次被併吞的悲劇

在 1933 年間，德國發生許多重要變化：希特勒掌權，以及國家社會黨極權體制迅速施行。元首（Führer）[1] 在當時還是採取低姿態。很快地，新政府急於復仇的心理，讓他們在 1940 年 7 月就毫不遲疑進行第二次兼併行動，而這次兼併是在德、法間沒有簽署任何條約情況下發生的。第二次兼併完全不同於第一次，時間明顯比較短暫，從 1940 年至 1944 年，沒有超過四年，但是人民卻更為煎熬。

德國威脅再起

在希特勒的公開聲明中，一開始對阿爾薩斯－洛林地區的提議都還算和善。什麼才是他真正的意圖？我們認為，只要機會一到，元首一定會毫不猶豫地重新拿回阿爾薩斯－洛林地

1　譯注：即希特勒。

區。從 1935 年開始，實行國家社會主義的德國變得越來越令人不安和具威脅性：公投決定要薩爾重回德國，成為第一件順利完成的事，重新恢復徵兵並成立德意志國防軍（Wehrmacht）也只引起一些無足輕重的抗議，以及 1936 年 3 月 1 日對萊茵河左岸重新軍事化，以對德國有利的結果改變對法國的軍事邊界。法國在無法期待英國提供軍事支持下，只能任由德國作為。法國總理艾伯·薩侯（Albert Sarraut）曾對他在一次利用廣播發表聲明的一段內容感到很得意：「我們無法容忍將史特拉斯堡大教堂置於德國的炮火之下！」但隨後發生的事卻顯得有些諷刺。在這種情形下，人們越來越害怕，與德國之間商貿往來減緩，而重重檢查也阻礙邊界的通關。當然，政府以強化馬奇諾防線（ligne Maginot）保障邊界安全來安撫民眾，但是仍不能排除可能發生戰爭的設想，法國政府還是準備一些對馬奇諾防線之前及周邊居民的撤離計畫。阿爾薩斯自治團體和納粹政府取得聯繫，而納粹政府方面著重的仍是沿襲先前做法，以間接方式補助這些團體。在 1937 年間，這種祕密接觸更形增加。1938 年夏天，捷克危機[2] 讓戰爭的陰影觸手可及，9 月底撤離計畫付諸實施；慕尼黑會議（1938 年 9 月 30 日）暫時

2　譯注：crise tchécoslovaque，指納粹德國在 1938 年藉口保護捷克蘇台德區（Région des Sudétes）的德國人，而對捷克施加軍事壓力，捷克也動員因應。而後在捷克缺席下，英、法、德、義於 9 月簽署《慕尼黑協議》，割讓蘇台德區給德國，並迫使捷克接受。

1940年的領土變動

比利時

亞丁

武濟耶

馬恩

莫茲

聖迪茲耶

上馬恩

摩澤蘭

盧森堡　　特夫

隆維　　帝詠城　　西境

馬奇諾防線　　馬奇諾防線

布里埃

凡登

木松橋市

莫爾特一

摩澤

巴爾公爵　　埃庫夫　　圖爾

多恩黑米

休蒙

埃皮納爾

德　意　志　納　粹　帝　國

齊格菲防線

薩爾路易斯

薩爾布魯克

薩格米內

梅斯　梅斯柯羅

布罕多

薩爾堡　　薩維爾納

馬奇諾防線

中特拉斯堡

南錫　　斯圖霍夫

錫永

弗日（省）　聖一迪耶

上萊茵

科瑪

阿爾薩斯丘

貝爾弗　　米路斯

（省）

上索恩　　貝爾弗

瑞士

杜省

侏儸

杜勒

● 城市
⋯⋯ 省界
╌╌ 國界
▬▬ 1870年邊界線
••••• 1871-1918年邊界線
•••• 禁入區邊界線
▨ 德國移入農墾區
▥ 拘留營地

© Éditions Place Stanislas

緩和危機，但很快地大家就知道這段時間的平靜只是曇花一現。

1939 年 9 月 1 日，希特勒下令德意志國防軍進攻波蘭。9 月 3 日，法國和英國對德宣戰：阿爾薩斯－洛林地區被推向第一線。法國政府決定撤離沿馬奇諾防線的阿爾薩斯和洛林居民。9 月上半，超過 60 萬人撤往法國中部地區，生活困難，阿爾薩斯村鎮都撤離一空。所幸德軍重點放在波蘭，對於西線只是維持備戰狀態。

對這些被撤離者的接待工作有些微妙，大部分被撤離者都只會說德語與方言，法國中部和南部的人都視他們為「東部來的德國佬」。一旦宣戰，那些早已被法國情報單位滲透與納粹往來的自治運動者，就被以嚴重叛國罪逮捕、關押及送審。南錫審判時，危害最大的卡爾・豪斯（Karl Ross）被判死刑，並於 1940 年 2 月 7 日執行，而其他被判刑者則被囚禁在法國南部。

在德國取勝後：
對阿爾薩斯－洛林地區的事實兼併及破壞

1940 年 5 月 10 日，德軍攻勢取得全面性勝利，而由貝當（Henri Philippe Pétain）元帥所領導的法國新政府只得同意簽署一份停戰協議。7 月間，戰勝的德軍進入梅斯和史特拉斯堡。

　　希特勒決定將阿爾薩斯－洛林地區併入德國，並將邊界恢復到 1918 年狀態，下令將以往阿爾薩斯－洛林地區內的省分自法國分離，並將之納入德國。

　　乘著這一波勝利，德國單方面執行事實兼併作為，而在 1939 年以前，德國曾多次宣稱不會再對舊日的阿爾薩斯－洛林地區有所覬覦。要注意的是，在與法國簽訂的停戰協議條文中，對阿爾薩斯－洛林地區隻字未提。兼併的決定是元首在 1940 年 7 月 1 日往訪史特拉斯堡時所做的，甚至沒有知會法國當局。他要求拉瓦爾領導的法國政府，釋放在南錫審判中被判刑者，而法國政府同意這項要求，於是這些人在阿爾薩斯與德國受到英雄式歡迎。他們在新政府內得到一些副職，其中有兩人成為副主管：一位是在米路斯擔任地區主管的慕黑；另一位則是任史特拉斯堡地區主管的必克勒。

　　納粹德國要在幾週內，就要將重新取回的領土納入德國，並推動德意志化。首先要指出的是，這次重新兼併完全沒有重建舊日帝國領地的想法。希特勒及其親信認為，帝國領地這種做法早已不合時宜且無益於德國，而「阿爾薩斯－洛林地區」稱法也自 1940 年 8 月 24 日起禁止使用，而要單獨稱為阿爾薩斯及單獨稱為洛林，將之視為和其他德國的領土一樣。相反地，在法國還是繼續稱為「阿爾薩斯－洛林地區」，並將居民稱為「阿爾薩斯－洛林人」。

　　擔任帕拉丁納－薩爾大區長官的約瑟夫・布凱爾（Josef

Bürckel）和擔任巴登大區的大區長官（Gauleiter）[3] 瓦格納，
都被任命負責大區民政政府事務，僅次於元首之下。德國重臨
的這塊土地上，至少有三分之一的人民在 1939 年 9 月就被撤
離，超過 60 萬阿爾薩斯和洛林難民被暫時安置在法國中部及
西南部。史特拉斯堡幾乎被撤離一空，下萊茵省政府撤往佩
希格（Périgueux）[4]，史特拉斯堡大學則被撤往克雷蒙－費宏
（Clermont-Ferrand）[5]。大部分難民平時使用德語，生活適應
困難，都希望能回到原來居住的地方，德國也在宣導鼓動他們
回家。大約有三分之二的人在 7 月至 10 月間，接受回家的建
議並付諸實施。不過 1940 年的納粹已不再是 1918 年的德國，
這些原本留下或是之後回來的阿爾薩斯和洛林人，都在受到傷
害後才發現這件事。

　　1940 年夏天，粗暴的德意志化強制要求在被兼併地區公
眾場合中要遵行：只能講德語、不能說法文、小學推動德意
志化、驅逐使用法文的顯貴或是對法國認同者。秋季時，把
洛林、帕拉丁納與薩爾都納入的西部大區（Gau Westmark），
以及將阿爾薩斯和巴登納入的上萊茵大區（Gau Oberrhein）

3　譯注：為納粹德國行政區劃「大區」（Gau）的負責長官，巴登大區
　　（Bade）又被稱為巴登－阿爾薩斯大區（Bade-Alsace）。大區長官的
　　地位僅次於「元首」。
4　譯注：法國西南部城市。
5　譯注：法國中南部城市。

誕生。這個對阿爾薩斯和洛林兩地都實施的政策，只有些微不同。摩澤省成為洛林，由薩爾布魯克政府管轄。在黨務方面，大區長官於 1940 年 9 月 21 日進駐梅斯，而他的固定駐地則在帕拉丁納，要負責權衡來自德意志國防軍、蓋世太保（Gestapo）[6]、黨衛軍（SS）[7]、管轄權重疊、各種衝突等等的影響。為了肅清反抗，超過 8 萬使用法語的摩澤人在 1940 年 8 月至 11 月被驅逐出境，東德土地管理協會（la société Ostland）[8] 在管收土地上設置一些德國墾殖區。招撫歸順手段也不會遺漏德國文化對民間的傳播，而並未被視為要處理對象的精英和中間階層仍然未被影響、改變。天主教教士受到主教遭驅逐、各種刁難及多起逮捕事件等波及。舒曼於 1940 年 9 月 2 日回到梅斯，很快就在 9 月 14 日被捕下獄，並拒絕所有大區長官為爭取他合作提供的條件，後來被送到帕拉丁納軟禁，直到 1942 年 8 月 1 日才從被軟禁處逃脫，而後成功抵達自由區。

　　大區長官瓦格納最初入駐阿爾薩斯的史特拉斯堡。阿爾薩斯這塊地區被分為 16 個郡（Landkreise）（13 個郡級鄉鎮和 3

6　譯注：Geheime Staatspolizei 的縮寫，即德國祕密警察。

7　譯注：Schutz Staffel 的縮寫，原為希特勒個人衛隊，後掌握黨政大權，為實施黨國一體的機構，蓋世太保亦受其指揮。

8　譯注：全名為 Ostdeutsche Landbewirtschaftungsgesellschaft mbH，是德國於第二次世界大戰期間為管理占領合併的土地及資產所成立的公司。

個郡級城市），成為一塊名副其實的巴登殖民區，其中只有史特拉斯堡被排除，交由洛林人必克勒負責。這些管理地方統治工作的職位，由一些市鎮長擔任，許多市鎮長都是在 1914 年之前出生在阿爾薩斯的德籍人士。在人民中，那些曾經支持過自治運動者和位於鄉村並在文化上認同德國的新教徒，都完全接受新秩序安排，他們對此時的德國，即納粹德國，將要加諸到身上的事毫無察覺；而那些重回德國懷抱的前自治運動分子卻只得到一點點小甜頭。被法國人槍決的豪斯則被表彰成為阿爾薩斯和德國捐軀的烈士，並將克列別廣場（place Kléber）[9]以他的名字命名[10]。

納粹的迫害

納粹體制登場後，一些附庸政黨和組織，像是民族共同體和希特勒青年團（Hitlerjugend）等，在 1941 年間紛紛出現，目的就是監視並限制人民。許多事情將人民推向反抗之路：廢除宗教協議造成天主教士與納粹政權對立，還有即便一開始態度支持的新教徒也轉向反對。還有帝國勞動服務團

9 　譯注：位於史特拉斯堡市中心的廣場。

10 　譯注：克列別廣場於 1940 年 6 月改名為卡爾・豪斯廣場（Karl Ross Platz），到 1944 年 11 月。

（Reichsarbeitsdienst，簡稱 RAD）的成立，目的就是為了讓年輕人從事準軍事訓練。為了滿足軍隊人數的需要，希特勒政權在 1942 年 8 月 25 日下令實施義務兵役。自 1942 年 10 月至 1944 年 5 月，超過 13 萬阿爾薩斯人和洛林人進入德意志國防軍，有些人甚至加入黨衛軍。大部分的人都被送往東線，並在那裡經歷可怕的悲劇。遭到俄軍俘虜者被關押在坦波夫（Tambov）戰俘營，相較於受虐而死者，更多人是被餓死及凍死的，超過 4 萬被迫入伍士兵在戰鬥中或被俘後死亡。

強制入伍讓幾乎所有人民產生動搖，並引發各種形式的反抗。納粹展開殘酷的鎮壓行動，執行大量逮捕和驅逐行動，並在洛林的柯羅（Queuleu）、普拉珀維爾（Plappeville）、瓦皮、拉布罕多（La Brême-d'Or），以及阿爾薩斯的希爾梅克和斯圖霍夫（Struthof）建立集中營。900 多個阿爾薩斯及洛林人還被送往達豪（Dachau）[11]！從被動抵抗到對鐵路和工廠進行破壞，反抗行動以多種形式出現，最近還有歷史學者發現，勞力工作場所也發生工人反抗行為，並於 1942 年 4 月至5 月間遭到嚴厲彈壓，185 位工人活躍分子被捕、被關並遭受審判。有些被判死刑者甚至草率就被執行了！一些鐵路工人成功把幾位逃兵送到法國，有些協助偷渡者會祕密安排一些安全

11　譯注：納粹建立的第一個集中營，位於德國境內慕尼黑近郊，相對於留在阿爾薩斯－洛林地區本地的集中營，送往達豪者應是較嚴重的處置。

受威脅的人越過弗日山脈。也就是幸好有這些人，在德國被軟禁的舒曼才得以在 1942 年 8 月翻越阿爾薩斯群山峻嶺，抵達貝爾弗，接著再到自由區。由於軍警遍布，除了被動反抗外，無法採取更積極主動的反抗手段。有一個鐵路工作人員組成的反抗團體，一直和共產黨分子喬治・伍德立（Georges Wodli）有聯繫，但伍德立卻遭到逮捕，並於 1942 年 10 月被刑求致死。在 1941 年 7 月建立反抗組織瑪希歐（Mario）的梅斯教師讓・勃格（Jean Burger），於 1943 年遭到逮捕，在解送過程中死亡。朱利安・夏夫（Julien Scharff）擔任祕密部隊的首領，1944 年初，三個省中設有法國內地軍（Forces françaises de l'intérieur，簡稱 FFI），摩澤省武力由阿弗瑞德・克里格（Alfred Krieger，代號為指揮官葛哥〔commandant Gregor〕）指揮。

然而這些做法卻沒有什麼用，維琪政府對既有的成績拒不承認，只在自由區內保留三個象徵性的省政府、設於克雷蒙－費宏的流亡史特拉斯堡大學，以及阿爾薩斯－洛林地區工作署。這個工作署的作用是管理在 1940 年至 1941 年被驅逐出阿爾薩斯－洛林地區，或是未被允許返回的流亡者，他們抵達法國時身無長物，被安置於里昂、奧維涅（Auvergne）和薩瓦。這些流落在外者的數量難以計算，約在 26 萬人之譜，存在自由區內各處。在這些流亡者中，有許多人曾參與反抗軍，並接著在 1944 年 8 月至 9 月間加入法軍。

　　而在戴高樂（Charles de Gaulle）將軍身邊，不論是自由法國（France libre）或是後來的戰鬥法國（France combattante）[12]，聚集許多阿爾薩斯和洛林人。這些人在 1942 年 11 月 8 日德國進犯自由區後深感威脅，不是加入地下工作和反抗軍，就是前往北非，加入以洛林十字架為象徵標誌的自由法國部隊。而那首〈勒克萊克裝甲師〉（division Leclerc）[13] 歌曲中，就清楚地說出，洛林十字架和史特拉斯堡大教堂所呈現的，就是法國自由的希望。而安德烈・馬爾羅（André Malraux）即於 1944 年在法國西南號召組成阿爾薩斯－洛林旅。

遲來的解放

　　遲至 1944 年底，才在經歷艱苦戰鬥後，得以收復阿爾薩斯和洛林：11 月 22 日收復梅斯、23 日收回史特拉斯堡、25 日取回米路斯。參與這次收復行動的包括由伯吉上校（本名為安德烈・馬爾羅）[14]，和在以後成為史特拉斯堡總本堂神父

12　譯注：戴高樂不承認與德國妥協的維琪政府，1940 年 6 月 18 日在倫敦宣布自行成立代表法國的政權「自由法國」，後來為強調團結和對法國本土參與戰鬥反抗組織的支持，於 1942 年 7 月 13 日改名為「戰鬥法國」。

13　譯注：指法國第二裝甲師，由於指揮官為菲利普・勒克萊克（Philippe Leclerc），因此該師又被稱為勒克萊克師。

14　譯注：後來成為法國第五共和成立的文化部第一任部長。

的教士皮耶・伯凱爾（Pierre Bockel），建立並指揮的阿爾薩斯－洛林旅（brigade Alsace-Lorraine）。阿爾薩斯德軍在科瑪附近的抵抗，延續到 1945 年 2 月初才結束。在摩澤東北的德軍傾全力固守到 1945 年 3 月，讓許多居民區、公共建築和設備遭到毀損。

為了處理領土回歸的準備工作，1943 年 9 月於阿爾吉爾（Alger）成立一個阿爾薩斯和洛林工作處。主要決策在 1944 年 10 月確定。共和國地區專員查爾斯・布朗岱（Charles Blondel）於 1944 年 11 月 27 日抵達史特拉斯堡，執行職務到 1945 年 6 月。上萊茵、下萊茵和摩澤三個省，則重新回復到 1940 年的領土定位。就像在 1918 年至 1919 年時，國土改造計畫對之不予施行，而在宗教、教育方面的特殊待遇也全部保留，戴高樂將軍親自確認了這項保留措施。

收復後次日就面臨民眾物資極缺的窘境，歷經五年才回到家的人們，看到一片斷壁殘垣景象。流亡在外的人和在事實占領期間滯留本地者之間的關係，有時候變得很微妙。所有納粹制定政策都遭廢止無效，1940 年以前法令重新實施，關於表明阿爾薩斯和摩澤具有特別待遇的法令依然有效。共和國當局對政府內部實施清查，凡是曾滯留在當地的官員，為害最大者交付提審或是撤職，其餘則施加處分。在阿爾薩斯和摩澤之外，投靠納粹的前自治分子大多予以逮捕及判刑。慕黑即遭判處死刑並予以執行；安東尼和侯賽在南錫受審，侯賽餘生都在

獄中度過，安東尼最後獲釋；必克勒逃過所有的追捕，最後在
缺席審判中被判處死刑，他一直藏匿至 1970 年代死亡為止，
都未被查獲。

　　所有事證都在強化阿爾薩斯人和洛林人對法國的連結，而
第二次兼併造成的政治效應也要一提：各種形式的自治運動銷
聲匿跡；各省與區域的地方性政黨消失；以及天主教徒與全國
性政黨合作，特別是人民共和運動黨（Mouvement républicain
populaire，簡稱 MRP）；還有就是讓戴高樂將軍贏得優異又
長期不墜的聲望和支持。在法國第五共和初期，阿爾薩斯人和
摩澤人中出現超級戴高樂主義現象，在這裡就有跡可循。一些
書籍針對阿爾薩斯未來的發展，提出數處省思，並思考阿爾薩
斯和洛林未來應在法國及歐洲占據什麼位置。其中有一些是
由阿爾薩斯人所寫，像是埃米爾・巴斯（Émile Baas），還有
《阿爾薩斯和洛林的昨日、今日和明日》（*Alsace et Lorraine
hier, aujourd'hui, demain*）作者賈克・方呂普特－艾斯佩哈伯
（Jacques Fonlupt-Espéraber）。

　　誠然德國讓法國人遭受不少磨難，一直是法國人的敵人，
但是也應該要有接受德國人成為未來夥伴的準備。歐洲理事會
（Conseil de l'Europe）[15] 和歐洲議會（Parlement européen）先

15　譯注：是 1949 年為了維護歐洲人權、民主與法治而成立的組織，非歐盟
　　機構，其名稱容易與歐盟理事會（Council of the European Union）混淆。

後在史特拉斯堡設立，使得這座阿爾薩斯的首府得以扮演有意義的角色，以及成為一個建構中歐洲的創新者。

這次在沒有簽署任何協議情況下發生的事實兼併，留下許多後遺症，其中影響最久，甚至直到今天都還存在的，就是那些被迫加入德軍的士兵，他們都是正值 20 多歲的年輕人，卻不得已加入德軍，為德國打仗。這些人的人數難以確定，依照安德‧穆特（André Mutter）在 1955 年的報告[16]，推估約有 13 萬人被迫加入德軍，其中 9 萬人返鄉，2 萬人於戰時死亡，2 萬人被俘失蹤或死亡。還有其他估計表示的數量更多，約有 17 萬人被迫加入德軍，死亡人數為 4 萬人，傷殘者則未標明。

其中有些人在 1944 年直接進入黨衛軍，曾經參與一些殘暴的行動，像是奧哈杜屠殺（massacre d'Oradour）[17]。1953 年 1 月，13 位被迫加入帝國師（division Das Reich）的阿爾薩斯人，在波爾多審判法庭中遭到判刑，引起阿爾薩斯輿論譁然，

---

16 譯注：報告提出者為安德‧穆特（André Mutter），他是法國政治人物，曾任戰時參與作戰人員及受害者部部長（ministre des Anciens combattants et victimes de guerre）。此處提到的報告應是他任該職時所為。

17 譯注：奧哈杜屠殺發生在 1944 年 6 月 10 日法國奧哈杜，德國武裝黨衛隊一名軍官被反抗軍俘虜，為了迫使反抗軍交出人質，武裝黨衛軍殘忍屠村，全村男女老少共 643 人遭到殺害，僅少數人倖存，為德國於第二次世界大戰期間犯下的重大罪行之一。

後來在特赦法案下改判，被關押的阿爾薩斯人很快獲釋。[18]

納粹四年的迫害留下完全負面的形象，這段時間被視為是 20 世紀最黑暗的四年。實體的毀損在十年後或許會消失，但是心理和精神上承受的創傷卻不能，二十多年來，許多參與其中和曾見證的人都認為，應該說出在那段痛苦期間經歷的磨難。

歷史研究者手中掌握著大量親身經歷者證詞：關於占領區恐怖暴行受害者和阿爾薩斯艱難軍事收復的見證、關於在東線作戰及被俄羅斯俘虜的被迫者（malgré-nous）[19] 士兵證詞、關於離開家園故土五年的被撤離者經歷，以及冒著生命危險，協助受蓋世太保追捕同胞成功偷渡弗日山脈的人親述等等。

撫平傷痛費時最長的是，那些被迫加入德軍者的創傷。長久以來，這些阿爾薩斯和摩澤的被迫者留下既是受害者，也是一群被歷史遺忘者的印象，其他的法國人對他們不是忽視，就是冷漠以對。

他們所成立的社團從以往到現在，都在爭取對自己應有權益的承認和國家對他們的彌補。1981 年 11 月，一個法德聯合

18　譯注：前述所提「帝國師」為武裝黨衛隊第二師的代號，奧哈杜屠殺暴行即該師所屬第四團第一營所為。該師共有 14 名阿爾薩斯人，除了其中 1 人為自願加入武裝黨衛隊外，另外 13 人皆為被迫加入，因此特赦案只針對13名被迫加入者，該名被判處死刑的自願加入者不列入其中。

19　譯注：指被迫違反個人意願加入德軍的阿爾薩斯和洛林人。

基金會成立，並支付一筆微薄的補償。這份補償是針對心理上的，更甚於物質。對許多倖存者而言，傷口一直存在。

| 第八章 |

遺緒

距離 1870 年至 1871 年造成阿爾薩斯－洛林地區緣由的法德戰爭，到現在至少已經過了五個世代。從 1918 年起，阿爾薩斯－洛林地區和帝國領地都已消失。這段時間究竟留下一些什麼？在歷經數個世代交替後，即使有這麼多的人都討厭和拒絕再聽見，人們卻依舊可以觀察到，至今仍然存在「阿爾薩斯－洛林地區」這個稱呼。為什麼？又有哪些意義？為什麼這個稱呼還會不時地出現？

法、德關係的收尾

從 1870 年至 1918 年三個世代間，阿爾薩斯－洛林地區一直是法、德對立的基本緣由。到了 1918 年，德國人都不懂為什麼他們要放棄一塊贏來的土地，他們不過是想要那塊因為時代不幸而分離的土地，重新回到德意志的懷抱。在他們看來，

法國人不能又不願放棄「失落的行省」。然而，無論居民對這塊土地擁有的永久國籍歸屬權，這塊土地都已經從法國分離。但是因為居住在這塊土地上的人民，仍有的國籍歸屬感及其他一些原因，法國人拒絕承認 1871 年的既成事實是最終結果。

弔詭的是，希特勒造成的事實兼併，重新讓阿爾薩斯－洛林問題浮現後，卻加速讓這個問題走向最終定案。1940 年 7 月，在與 1871 年全然不同的背景下，這兩個行省在兩國沒有簽訂任何協議下由德國兼併。重新回到德國，表面上像是最後的定局，但是能持續下去嗎？答案在於，納粹德國在這場他們期待並開啟的戰爭中能否具有取勝的能力。我們都知道德國和德國人最後的結局。1944 年底與 1945 年初，阿爾薩斯－洛林地區光復，並重新回到法國的懷抱。與第一次相比，第二次兼併雖然顯得異常短暫，但是這次卻留下兩個重要又一直持續的後果：第一個是在兩次世界大戰間，讓雅各賓共和政府左支右絀的自治運動不復存在，特別是對阿爾薩斯。被納粹德國兼併承受的創傷，讓阿爾薩斯和洛林人在面對不同於法國的德國國籍歸屬態度更為清楚。在德國人看來，全面戰敗、兩國間的德國領土被分割、納粹政權犯下違反人道罪的道德責任，都讓這些對領土的索求從此付諸東流。在總理孔拉德‧阿德諾耶（Konrad Adenauer）領導下剛起步的德意志聯邦共和國，希望成為西方陣營的一分子，並與法國和解，而這兩項目標要靠著對 1815 年邊界的重新默認來完成。薩爾回歸德國，結束兩國

之間最後一項爭執。1950 年 5 月，由摩澤人舒曼推動的歐洲
重建工作開始，阿爾薩斯議會和民眾也一致支持，法、德關係
展開新的一頁。第一個歐洲組織歐洲理事會設在史特拉斯堡，
阿爾薩斯－洛林地區問題從此以後就屬於歷史。

阿爾薩斯和摩澤間關係

　　阿爾薩斯的兩個省與摩澤省的重新結合，讓洛林和阿爾薩
斯間關係有了新的方向，但這些方向有的被接受，有的被排
拒。

　　1871 年，史特拉斯堡成為帝國領地首府，德國人和德國
政府把主要工作放在阿爾薩斯，而非洛林，稍晚才發現不對，
這也是在中下級官員裡，大多數人都出自阿爾薩斯的原因。洛
林人行事一直要看史特拉斯堡的眼色，同時也在設法保留相對
於阿爾薩斯的自我定位，其中一項證明就是堅持要有洛林政黨
的存在。軍事方面則是一個例外，因為洛林的摩澤占據重要的
戰略地位，是西邊的邊境屏障著德意志帝國，不受有如復仇者
般的法國進行報復。

　　回歸法國後，摩澤人期望他們不再受史特拉斯堡或是阿爾
薩斯人的指示做事，但仍然持續維持和兩者的關係，共同對付
因為他們曾經被兼併，而令法國人對他們產生的一視同仁觀
點。第二次兼併雖然讓德國方面不再使用阿爾薩斯－洛林地區

的稱呼，但是法國人因為尚未找到可以用的詞彙，所以還在使用阿爾薩斯－洛林地區的名稱。1945 年，重新列入法國省級單位，與當地恢復 1939 年時擁有的地區法規，這兩件事情同時發生。那些地區法規在納粹統治時，大部分遭到停用，為了爭取重新實施這些法規，需要維繫摩澤和阿爾薩斯間，以及梅斯和史特拉斯堡間的合作。一個由阿爾薩斯和摩澤議員在國民議會裡組成的非正式團體，偶爾在共同議題出現時，就會聚集在一起進行論辯，人們可以在政治人物的文件資料裡找到一些蛛絲馬跡。舉例來說，當被視為「德國佬」，甚至是「德國官員」，以及被大批人羞辱的舒曼，被提名為總理時，時任國民議會議員及梅斯市長的雷蒙・孟冬（Raymond Mondon）曾以代表阿爾薩斯和洛林議員之名，對舒曼表達這些同僚的支持。

在 1960 年設立大區，摩澤也歸入洛林大區[1]。摩澤和阿爾薩斯在大區劃分後漸行漸遠。摩澤和洛林的另外三個省[2]的逐漸靠攏，留下一些歷史影響，就是南錫和梅斯間的關係。1947 年，由於舒曼的緣故，梅斯和摩澤派駐「專務總督察長（Inspecteur général de l'administration en mission extraordinaire，簡稱 IGAME），該總督察長被賦予高出摩澤與另外三省的督導地位。照理來說，這個情況對將大區政府設在梅斯是有利

1　譯注：阿爾薩斯則納入上萊茵和下萊茵兩省，成為阿爾薩斯大區。

2　譯注：指莫爾特－摩澤、莫茲和弗日三個同被劃入洛林大區的省。

的。1969 年，在一場情緒化的危機期間[3]，梅斯成為洛林大區的首府。1970 年初，薩爾堡議員暨市長，並在喬治·龐畢度（Georges Pompidou）總統任內擔任總理，且家庭也是出自阿爾薩斯的皮耶·梅斯梅（Pierre Messmer）推動下，形成一些決定，這些決定主要在兩個領域裡撤除阿爾薩斯對洛林的監管：1972 年成立南錫－梅斯學區，以及 1973 年在梅斯設置上訴法庭，取消科瑪法院掌理梅斯訴訟的審判庭。從 1969 年起開始籌組梅斯大學（即如今的保羅－魏蘭大學〔Université Paul-Verlaine〕），讓這個有著悠久歷史的城市，能擁有一個以往所不曾有過的面貌。

　　而對於阿爾薩斯－洛林地區舊日時光的懷想仍會不時出現，尤其是阿爾薩斯。例如，史特拉斯堡的地理學家艾蒂安·朱利亞（Étienne Juilliard）曾自問：「是不是應該重新恢復原來阿爾薩斯－洛林地區那塊地域？當時那塊地域是被強制結合在一起，經過三十年後，結果卻好像滿合理的……」他的答案很明確：「如果這件事合理，則在政治上難以想像。」四分之一個世紀以來，洛林大區和阿爾薩斯大區已經有了讓彼此都滿意的協作方式，一點都不需要再次合併在一起。在純屬於

3　譯注：梅斯和南錫兩個城市都在爭取大區政府設在該城市，但南錫民眾發現似乎梅斯已被定為大區政府所在地後，不但抨擊當時的南錫市長皮耶·韋伯（Pierre Weber）無能，更在接下來的選舉與公投中，都以和執政黨唱反調的方式投票。

法國的各種爭論中，時事頭條重新出現一個老議題，就是有關一些大區規模太小的問題。為了能讓更大的土地面積結合在一起，就像是德國的大型邦一樣，有人就建議做一些整合，像是把阿爾薩斯和洛林合併。有些人甚至還想要有一塊東部的大型區，納入香檳－亞丁（Champagne-Ardenne）、方許－康提（Franche-Comté）和勃艮地（Bourgogne）。2007 年 8 月，讓－皮耶·哈發漢（Jean-Pierre Raffarin）[4] 放出一顆試探性的氣球：「應該把我們大區的數目減半，讓各大區的力量加倍。」他建議「把阿爾薩斯和洛林合併起來」，這個說法激起這兩個大區負責人的憤怒，洛林大區的負責人讓－皮耶·馬瑟黑（Jean-Pierre Masseret）甚至罵道：「又一個哈發漢式的廢話！」2009 年 3 月由愛德華·巴拉杜（Édouard Balladur）擔任主席的委員會[5]，提出一份關於領土規劃改革的報告。在諸多建議中，也構思出包括合併阿爾薩斯和洛林在內相關減少大區數量的提議。這項建議引發新一波抗議行動……更何況那些當事人[6]並未要求合併這件事！一位南錫學法律的學生在臉書

4　譯注：曾任法國總理，說出此話時應已卸任，僅具參議員身分。

5　譯注：此處應指法國總統尼古拉·薩科奇（Nicolas Sarközy），交由巴拉杜籌組並任主席的「機構平衡及現代化修憲委員會（Comité de réflexion et de proposition sur la modernisation et le rééquilibrage des institutions）。

6　譯注：指阿爾薩斯和洛林人。

（Facebook）上建立一個粉絲專頁，2009 年 4 月初就有 2 萬
8,000 多人在上面發表意見，大部分都抱持著否定的態度。然
而值得注意的是，沒有任何一個意見是關於要恢復以前德國兼
併時期的阿爾薩斯－洛林地區，就是只劃入三個省[7]。這次領
土重劃納入六個省：兩個阿爾薩斯省和四個洛林省。想想以後
會是誰占優勢？阿爾薩斯或洛林？史特拉斯堡會自認就此成為
大區首府嗎？當將來發展成新的群體時，史特拉斯堡還能維持
是眾望所歸嗎？現在這都還是學院裡的假想課題而已*……

　　讓歷史學者感到驚訝的是，阿爾薩斯和洛林之間一直進行
的交流與往來。可以舉一個涉及三方面的有趣例子：費斯特，
這位阿爾薩斯人出身貝布勒南，後來成為南錫大學的中世紀歷
史教授，而且是對這座公爵城市[8]歷史最了解的學者。費斯特
的名氣自然將他送往索邦大學任教。1919 年，在費斯特的要
求下，他被轉調到剛剛回歸法國的史特拉斯堡大學，接著又被
任命為史特拉斯堡學區區長。在史特拉斯堡大學和南錫大學彼
此協助下，成立梅斯大學。這些交流在 21 世紀的前十年間仍
然相繼進行，更或許彼此相互推動。新任的南錫市政檔案館

7　譯注：即上萊茵、下萊茵和摩澤。
*　2015 年，提到的這項改革付諸實施，納入亞丁、奧柏（Aube）、下萊
　茵、上馬恩（Haut-Marne）、上萊茵、莫爾特－摩澤、莫茲、摩澤和弗
　日各省，成立阿爾薩斯－香檳－亞丁－洛林大區。
8　譯注：南錫曾為舊日洛林公國的首府。

主任也來自史特拉斯堡[9]。最後在平面媒體方面，近年來在阿爾薩斯和洛林的法國互助信貸銀行（Crédit mutuel）推動下，進行一些改組。由於互助信貸銀行的支持，南錫的《東部共和報》（L'Est Républicain）取得《阿爾薩斯最新消息》的控制權。《阿爾薩斯最新消息》旗下的「閃藍」（Nuée Bleue）出版社，如今出版好幾本關於洛林與南錫的作品。《東部共和報》與聯合東部及法國許多地區——甚至有里昂和格諾布勒（Grenoble）——報紙的 EBRA 集團[10] 有部分資本，目前由互助信貸銀行掌握。2007 年，創辦《共和洛林報》（Républicain Lorrain）的普爾－德蒙吉（Puhl-Demange）家族，將這份在梅斯和摩澤具有代表性的報紙賣給互助信貸銀行。互助信貸銀行今後就掌握整個大東部地區的日報發行。

對第一次兼併所得經驗的再認識

在「失落的行省」回歸後超過九十年，曾於德意志帝國時期生活的最後一個世代也不復存在。隨著時間和一個又一個世

9　譯注：此處應指本書完成時，即 2010 年任職之人，而非現任者。

10　譯注：該集團全名為東部、勃艮地、隆河（Rhône）、阿爾卑斯報業集團（Est Bourgogne Rhône Alpes），為地區性報業集團，除了發行包括《東部共和報》及《阿爾薩斯最新消息》在內的數種地區報紙外，還發行週刊，經營出版社，現在更擁有地區性的電視頻道。

代的流逝，對這段時期遺留事物有好感的居民，對這段時期有了還算是正面的看法。是對什麼事物？為什麼會出現這種重新的評價？

回復以前包括下萊茵、上萊茵和摩澤三省的地域範圍，不會是還值得討論的議題，那些要重建 1870 年以前省分的文書計畫都已形同具文。在法規方面，從 1985 年起，後續形成的地方法規已經由設在史特拉斯堡的阿爾薩斯及摩澤地方法規研究所（l'Institut de droit local alsacien et mosellan）負責管理，其應用範圍也隨著情況演變而不斷縮減，包括許多方面。

最重要的是，對相關合法教派的宗教制度方面，因為政教分離政策並未被引進阿爾薩斯和摩澤。1801 年的宗教協議和條文一直有效實施：主教任命、教士薪津由國家支付等等。路德教派也跟著納入這個 1802 年頒布實施的體制[11]，並在 1919 年進入法國新教聯合會。政教分離並未引進公立學校中，小學至少在法令上仍由神職人員管理並開放宗教課程。要改變這種情況的意圖都以失敗告終，像是赫里歐[12]在 1924 年就曾嘗試，卻胎死腹中；居伊・摩勒（Guy Mollet）內閣時的法國政府，在 1956 年至 1957 年曾著手安排一次與教宗的祕密談判，

11　譯注：拿破崙和教宗簽訂協議是在 1801 年，但等到法令頒布生效實施已是 1802 年。

12　譯注：1924 年時任法國總理。

但臨時改變主意。而在法令上存在，並不表示就和社會與文化的實際情形一致：情況的演變大步向世俗化[13] 邁進，造成事實上的政教分離。

另外，還有一些地方法令是關於狩獵和公司協會的規定。在三個省實施的公證人制度與法國「內地」也有些不同。他們和其他地方的同僚一樣，都享有執業數額限制（numerus clausus）[14]（165 人）[15] 與職業壟斷。然而，要在一家事務所經過八至十年實習，才能取得行業推薦，期間所花費用不會有任何財務補償。在三個省的這些公證人製作制式文書，不做借貸也不代銷地產，這樣一來就不會和他們在「內地」的同僚一樣，被業務連累到人手不足。他們可以為個人和企業提供一些自己有資格提供的法律建議，也可以從事某些像是不動產法拍、擔任拍賣估價員、執行判決分配及地產公告等工作。

遺留給社會的影響不是地方法規，地方法規是居民最不關心的事。最重要的是，三個省的社會保險制度，比起一般性的社會保險多保留一定數量更好的特點：更好的牙科與視力矯正補助退款、更高的退休金，還要加上對這項特別制度所需財務

13　譯注：即宗教只停留在世俗層面，退出國家及政治領域。

14　譯注：法國公證人數有總額限制，且為終身職，即使獲得資格，也要等到名額出缺，才能由國家核定遞補。

15　譯注：此處應指為該三省的總員額數。

平衡的維持，那是一筆不小的花費。義務社會救助則交由各市鎮處理，這也說明各地實施方式和金額都不一樣的原因，經常可以聽到鄰近各省有聲音在抱怨這些回歸省享有的特權安排。最後還應該提到，從德國兼併時期開始，耶穌受難日 [16] 和耶誕節隔日（聖艾蒂安節 [17]）在這三個省中一直都是假日。

那段時期遺留的城市規劃與紀念性建築，仍然是今天走訪阿爾薩斯和洛林的其他法國人與外國遊客參觀最多的地方。那些地方包括德治時期的城區，以及這段時期興建的許多公共建築和教堂。在經過長時間的忽視，甚至是鄙棄後，配合對文化遺產的重視，這些建築得到重建、復原。特別是在梅斯，整理「帝國區」與有紀念性的新羅曼式（néo-romane） [18] 車站等地。由德國皇帝威廉二世下令重建的國王城堡，在近期成為阿爾薩斯地區的資產，還有曾經在整個兼併時期和兩次世界大戰期間，成為法國期待象徵的史特拉斯堡大教堂，也是阿爾薩斯受到最多人參觀的標誌性建築。

就如同大家剛剛看到的，第一次德占期間留下的事物，如今在阿爾薩斯和摩澤人眼中還算是相當正面的遺產。他們不會因為硬要像「內地」法國一樣，而削足適履地丟棄這些東西。

16　譯注：又稱為聖星期五（vendredi Saint），為復活節前的星期五。

17　譯注：為紀念殉道使徒聖艾蒂安。

18　譯注：一種建築風格，興起於 19 世紀中葉。

他們還為自己保留兩個假日：耶穌受難日和耶誕節隔天。這段歷史帶來的承載，成為他們資產與認同的一部分。

最後的遺留

雖然阿爾薩斯－洛林地區這個稱呼，仍留在集體記憶和城市土地之中，但是領地很早以前就不復存在。我們在法國的各個城市，都可以找到一些梅斯的街巷、史特拉斯堡的長街，以及阿爾薩斯－洛林的大道。例如，在巴黎緒利街上（位於 12 區），就有一個阿爾薩斯－洛林小院（cour d'Alsace-Lorraine）。在波瓦提耶（Poitiers），人們還可以找到一家阿爾薩斯－洛林旅店（hôtel d'Alsace-Lorraine）。1950 年至 1960 年期間，阿爾薩斯－洛林地區的稱呼又自動重新出現在老一輩的對話中，有一個例子可以描繪出那個情景：人們認為在 1882 年出生的共和國總統何內・柯蒂（René Coty）說了這句話：「不應該把阿爾及利亞變成另一個阿爾薩斯－洛林地區。」[19] 對於他那個世代的人而言，這是很自然的。

在德國那邊，從 1919 年至 1944 年一直很活躍的法蘭克

19　譯注：柯蒂是第四共和最後一任總統，任期內爆發阿爾及利亞獨立戰爭，他數度發表談話表示不會放棄阿爾及利亞，雖然他並未說出文中提及的那句話，但是的確曾數次以阿爾薩斯－洛林地區被放棄給德國人這件事來類比，強調不會再讓類似事件發生。

福大學阿爾薩斯－洛林地區研究所（厄文－馮－史坦巴赫基金會）隱祕地留存下來，還出版一本有關普法戰爭及 1870 年所發生事件一百年的書。這本書未能激起絲毫回應，並且仍然維持著極少的發行量。在書中的結尾，作者彭內提出疑問：「總之，重新再來一次，難道仍然會是一個錯誤？」他指的是 1918 年，還是 1940 年？始終沒有說清楚。1970 年代末，一位對自治運動有感的作者皮希·曾德（Pierri Zind）出版一本引起爭議的著作：《阿爾薩斯－洛林地區，不許談論的國家》（*L'Alsace-Lorraine, une nation interdite*）。曾德將「阿爾薩斯－洛林地區，一個非自然產生的制度性構造物」在 1918 年至 1919 年間曾是一個「不許談論的國家」這個想法鋪陳開來。他引發一些原生於這個地區者的回應，但在阿爾薩斯人之中的回響還是有限。接著，這本書籍的作者因為是羅勃·弗希松（Robert Faurisson）持歷史否定論調[20]的論文口試委員之一，而不再具有可信度。

在媒體和出版方面，「阿爾薩斯－洛林地區」的用法偶爾會突如其來地出現。米其林綠色指南（Le Guide Vert）[21]到今天都還會推出「阿爾薩斯－洛林地區」的旅遊書；《共和洛林

---

20 譯注：指有偏見地對以往屠殺、戰爭罪行的歷史加以否定者。
21 譯注：《米其林指南》分為紅色和綠色，紅色主要是旅店與餐廳評鑑，綠色則是旅遊路線及景點推薦介紹。

報》在 2008 年 10 月 15 日那天的體育版出現「讓阿爾薩斯－洛林地區感到榮耀……」這段話；2007 年 9 月《野地》（*Terre sauvage*）雜誌以粗字、印刷體所寫的「阿爾薩斯－洛林地區」為標題；在梅斯主教皮耶・哈凡（Pierre Raffin）於 2007 年 6 月的行程表上，我們可以看到「阿爾薩斯－洛林地區年輕神父養成總結」的字句；在 2008 年 3 月 1 日地鐵通報介紹內容裡，一位記者仍然使用「阿爾薩斯－洛林地區」的說法。絕大部分的時候，這兩個地區是被分開提到的，那道長久以來存在兩個地名之間的連接號終於消失。2007 年 9 月 27 日，一位《東部共和報》的記者就寫出他的感受：「阿爾薩斯和洛林不容忽視」。

讓我們說一件關於薩科奇在競選總統時的軼聞，用來結束這段對媒體報刊的回顧，不過我們並未認真求證過它的真實性。這位候選人要到梅斯和南錫，一位記者報導，他要求晚餐是一份「阿爾薩斯－洛林地區地方餐」，大家都很想知道那份菜單有什麼！最起碼，如果這件事是真的，有意思的地方在「阿爾薩斯－洛林地區」仍然被使用。在 1919 年至 1939 年間，被德國似乎深深烙印在「內地」法國人的心裡，像是一個特殊印記的阿爾薩斯－洛林地方主義，已經慢慢褪去。當然遠遠不可能全然消失，但是相對於東部其他地區，卻讓阿爾薩斯和摩澤擁有一種獨特的色彩。

如今，如果在摩澤的日常生活對話裡，不經意提到「阿爾

薩斯－洛林地區」，就會引起別人一陣皺眉，而且馬上會被糾正：「是摩澤和阿爾薩斯，先生！」自從 1918 年以來，摩澤便不再被稱為洛林，大部分的人沒有提醒的話，都已經無法想起這個舊日名稱。

昔日德國兼併已然遠去，但是就像留下阿爾薩斯一樣，為後人留下一份司法遺產，而這份遺產的管理工作就在如今已經成為阿爾薩斯首府及歐洲中心的史特拉斯堡，這個史特拉斯堡和當年的阿爾薩斯－洛林地區已不再有任何關係。位於希爾梅克的阿爾薩斯－摩澤紀念園區（Mémorial de l'Alsace-Moselle）落成時，摩澤人發出的異議與保留態度，正說明兩個地區對於歷史的觀點和心理有多麼不同。如同已然沉寂在記憶與各個市鎮公共空間中的這個稱呼一樣，阿爾薩斯－洛林地區早就是一塊消失很久的地域。我們是不是可以拿另一塊已經消失的地域，也就是德國的普魯士地區來做比較？魯普士曾經是一個王國，這個王國和統治的霍恩索倫王朝（Hohenzollern），以往存在好幾個世紀。普魯士擁有相當地位與國際影響力的時間，長達一個半世紀；相反地，阿爾薩斯－洛林地區卻沒有這樣的資產可以倚仗，沒有任何一個權貴王朝能代表它，這塊帝國領地始終就是一塊位居附屬地位的土地。

阿爾薩斯－洛林地區的未來如何？過去一定不會再重複，但卻耗費了幾個世紀。阿爾薩斯和洛林間的新篇章一定會繼續被寫出，那又會是什麼樣子呢？

主要人物

安德勞（于伯・安德勞〔Hubert d'Andlau〕伯爵，1868-1959）：
地主，1905 年擔任阿爾薩斯－洛林地區信用互助合作社
負責人，而後於 1919 年至 1950 年成為阿爾薩斯及洛林互
助信貸銀行總裁。1928 年至 1940 年為下萊茵省參議員。

本茲勒（威利保・本茲勒〔Willibrord Benzler〕，1853-1921）：
原籍西發利亞，波宏（Beuron）本篤會修士、瑪利亞拉赫
修院院長。1901 年至 1919 年任梅斯教區主教，相當受到
教區教士與信眾愛戴。1919 年被要求辭任。

布雪（皮耶・布雪〔Pierre Bucher〕，1869-1921）：阿爾薩
斯醫生及愛國者，為阿爾薩斯博物館創辦人之一。

科林（亨利－多米尼克・科林〔Henri-Dominique Collin〕，
1853-1921）：梅斯神父及記者。1887 年至 1921 年任梅
斯天主教日報《洛林報》政治線主筆。第一次世界大戰期
間逃亡到法國，在 1919 年至 1921 年任摩澤參議員。

帝璽（帝璽家族〔famille de Dietrich〕）：阿爾薩斯信仰新教
的企業家族，自 17 世紀以來即定居於尼德布龍及黑舒方

（位於下萊茵省）。

都彭・戴羅日（Dupont des Loges，全名為保羅－喬治－馬利・都彭・戴羅日〔Paul-Georges-Marie Dupont des Loges〕，1804-1886）：出生於布列塔尼正統派國會家庭。1842 年至 1886 年任梅斯教區主教。1874 年為抗爭派代表。

芬岑（阿道夫・芬岑〔Adolf Fritzen〕，1838-1919）：出生於克列夫（Clèves，萊茵行省），建築師之子。1862 年在明斯特（Münster）擔任神父。1874 年至 1886 年為薩克森皇室孩童的家庭教師。1886 年至 1891 年任蒙蒂尼萊梅斯修會研習導師。1891 年任史特拉斯堡教區主教，為史特拉斯堡天主教神學系創辦人之一。

海吉（澤維爾・海吉〔Xavier Haegy〕，1870-1932）：阿爾薩斯神父、記者、1917 年至 1918 年帝國議會代表。1918 年後成為阿爾薩斯地方主義者，維護地方教育及宗教，具基督教民主主義思想。

漢斯（Hansi，本名為讓－雅克・華茲〔Jean-Jacques Waltz〕，1873-1951）：素描畫家及漫畫家。第一次世界大戰期間逃亡到法國。1919 年至 1940 年，接著在 1945 年出任位於科瑪的恩特林登博物館（musée d'Unterlinden）館長。

霍恩洛厄－希靈斯菲斯特（克洛維・霍恩洛厄－希靈斯菲斯特〔Clovis von Hohenlohe-Schillingsfürst〕親王，1819-1901）：附庸國貴族家庭成員，受普魯士及德意志聯盟支持的第一

任巴伐利亞王國總理。1874 年至 1885 年任駐巴黎大使，接著在 1885 年至 1894 年任阿爾薩斯－洛林地區總督。對政治冷漠、沉著、有手段，成功破解抗爭運動。1894 年至 1900 年任帝國總理。

若內滋（愛德華‧若內滋〔Édouard Jaunez〕，1835-1916）： 薩格米內的企業家。1877 年至 1890 年任薩格米內市長及帝國議會代表、洛林地區議會議長，1904 年至 1911 年任阿爾薩斯－洛林地區代表委員會副議長、議長。

讓（讓－皮耶‧讓〔Jean-Pierre Jean〕，1872-1942）： 《梅斯人報》印刷工人，原籍為梅斯附近的瓦力葉赫（Vallières），在洛林／摩澤的法國永誌不忘協會創辦人，以及 1908 年 10 月努瓦瑟維爾紀念活動組織者之一。第一次世界大戰期間逃亡到法國。1919 年至 1924 年任摩澤代表。

曼德菲（艾德溫‧馮‧曼德菲〔Edwin von Manteuffel〕，1809-1885）： 普魯士軍官，法國占領軍指揮官，1874 年晉升元帥。1879 年至 1885 年任總督，和抗爭派纏鬥無果，同時對天主教徒讓步。

穆勒（艾德華‧馮‧穆勒〔Eduard von Moeller〕，1814-1880）： 普魯士高級官員，被調往史特拉斯堡，以自由主義者及新教徒為助力，籌辦管理政府。

佩侯特（賈克‧佩侯特〔Jacques Peirotes〕，1869-1935）： 社會民主黨積極分子、帝國議會代表，1919 年至 1929 年

任史特拉斯堡市長。

柏達雷（索菲・梅拉尼・柏達雷〔Sophie Mélanie de Pourtalès〕伯爵夫人，1836-1914）：出生於荷諾瓦・德布西（Renouard de Bussière）家族，為艾都華・柏達雷（Édouard de Pourtalès）伯爵的妻子、歐珍妮（Eugénie）皇后 [1] 女官。在德國兼併期間，將她在侯別厝（Robertsau）的城堡作為法國文化中心。

普雷斯（賈克・普雷斯〔Jacques Preiss〕，1859-1916）：科瑪律師，1893 年至 1912 年為科瑪持自由主義的帝國議會代表，1914 年被捕下獄，並於 1917 年於慕尼黑監視居住時死亡。

希克林（厄金・希克林〔Eugène Ricklin〕，1862-1935）：丹內馬希（Dannemarie）的醫生，1907 年至 1918 年任帝國議會代表，1912 年至 1918 年任阿爾薩斯－洛林地區地方議會議長，外號「松戈雄獅」。推動自治運動人物之一，遭逮捕、判刑，當選眾議員及參議員。

侯賽（約瑟夫・侯賽〔Joseph Rossé〕，1892-1951）：地方教師及記者，亦為自治運動領導者之一，曾遭逮捕並判刑，當選議員，並再度當選連任，直到 1935 年被捕前，均獲得國會席位。1940 年 7 月被德國釋放，戰爭期間都留在

1　譯注：即拿破崙三世的妻子歐珍妮・蒙提荷（Eugénie de Montijo）。

阿爾薩斯，無擔任任何職位。1945 年 2 月前往法國，被捕下獄，在南錫受審並判刑，於 1951 年囚禁期間死亡。

斯倫貝謝家族（famille Schlumberger）：於 16 世紀前三分之一時，就在南阿爾薩斯的米路斯和蓋布維萊周邊發展的新教徒家族。家族分為數個旁支，產生許多企業家和政治人物。在阿爾薩斯能見度最高的是讓・斯倫貝謝（Jean Schlumberger, 1819-1908），在阿爾薩斯身兼企業家、農業專家、釀酒師和歷史學研究者。1875 年至 1903 年為阿爾薩斯－洛林地區代表委員會議長。在法國最知名的，也是身為 1908 年《新法國評論》創辦人的讓・斯倫貝謝。

史耐貝雷（居庸・史耐貝雷〔Guillaume Schnaebelé〕，1831-1900）：原籍阿爾薩斯，1871 年選擇前往法國。擔任位於莫爾特－摩澤省，在梅斯和南錫間的摩澤河畔帕尼邊界哨所警官。1887 年 4 月，他遭德國警察逮捕事件引發法、德關係之間的嚴重危機，幸好危機很快解決。

舒曼（羅勃・舒曼〔Robert Schuman〕，1886-1963）：出生於盧森堡，父親為洛林人，他在數所德國大學研讀法學，史特拉斯堡大學即為其中之一，1912 年於梅斯執律師業。他信仰虔誠並積極參與活動。1918 年成為法國人，1919 年於摩澤獲選為議員，並在國會擔任議員職位直到 1962 年。他在第四共和時期曾擔任數個重要政府職務。在擔任外交部長時，他於 1950 年 5 月 9 日發表聲明，宣布法、

德和解與歐洲共同組織建構開始。

史旺德（魯道夫・史旺德〔Rudolf Schwander〕，1868-1950）：
為科瑪托兒所負責人安・史旺德（Anne Schwander）和科瑪市長卡米・斯倫貝謝（Camille Schlumberger）的私生子。在進入史特拉斯堡市政廳後，成為最令人矚目的市長（1906 年至 1918 年），最後一任阿爾薩斯－洛林地區總督。1918 年後定居於德國。

史懷哲（亞伯特・史懷哲〔Albert Schweitzer〕，1875-1965）：
出生於凱瑟司堡（Kaysersberg），在父親擔任牧師的蒙斯帖河谷的金司巴赫（Gunsbach）度過童年。兼神學家、管風琴演奏家和史特拉斯堡教授於一身。1913 年於加彭創辦蘭巴和內醫院。他在 1923 年回到加彭，第二次世界大戰後享譽國際。1952 年獲得諾貝爾和平獎。

史賓德勒（查爾斯・史賓德勒〔Charles Spindler〕，1865-1938）：
阿爾薩斯使用法語的藝術家，專長為製作表現阿爾薩斯生活景致的鑲嵌畫和家具。

溫德家族（famille de Wendel）： 自 1704 年就居住在摩澤省阿揚日，在該地以煉鋼起家，在 19 世紀間成為洛林最重要的採礦和冶金企業。為了保存 1871 年落入德國統治的阿揚日和穆瓦約夫兩地產業基地，溫德家族在法國建造並開發位於日夫的工廠。該家族保留住在帝國議會和議事庭代表的幾個職位。在 20 世紀前半葉，知名度最高的家族成

員為弗朗索瓦・溫德（François de Wendel，1879-1949）。

韋特萊（埃米爾・韋特萊〔Émile Wetterlé〕，1861-1931）：
阿爾薩斯神父，《科瑪日報》（*Journal de Colmar*）創辦
人，該報於1908年更名為《科瑪新聞人報》（*Le Nouvelliste
de Colmar*）。1898年至1914年任帝國議會希博維列代表。
第一次世界大戰期間流亡到法國，於1919年至1924年間
任上萊茵議員，隨後成為法國駐梵蒂岡大使館顧問。

溫特雷（朗德林・溫特雷〔Landolin Winterer〕，1832-1911）：
阿爾薩斯神父，米路斯的聖艾蒂安堂區本堂。代表委員會
代表及1874年至1890年帝國議會阿爾特基克代表。

佐恩・布拉赫家族（famille Zorn de Bulach）： 居住於阿爾
薩斯（歐斯特豪森〔Osthausen〕）及巴登的地主家族。
曾任拿破崙三世侍從的弗朗索瓦・布拉赫（François de
Bulach）歸順德國。他的長子雨果・佐恩・布拉赫（Hugo
Zorn de Bulach, 1851-1921）擔任首批阿爾薩斯－洛林地
區德國政府職務，1895年至1908年任負責農業的副國務
祕書，接著在1908年至1914年任國務祕書。他的弟弟
弗朗索瓦・佐恩・布拉赫（François Zorn de Bulach, 1858-
1925），則成為史特拉斯堡輔理主教。

參考書目

　　要將大量的德國、法國及德法關係參考書目在此列出十分困難，我們決定提出一些經過挑選後的書目，其中有對早期和最近歷史的親歷記述、論文和著作，而且主要都是以阿爾薩斯－洛林地區為主題。在所有書目中，我們特別要提出的是由讓－馬里·馬約（Jean-Marie Mayeur）在所著文章〈阿爾薩斯地區記憶〉（Alsace–Région mémoire）所做思考，這篇文章發表在皮耶·諾哈（Pierre Nora）主編的《記憶之地》（*Les Lieux de mémoire*）（三冊）中（由 Gallimard 出版社於 1997年出版）。

一、帝國領地，阿爾薩斯－洛林地區問題

BURTSCHER (Philippe) et HOFF (François), *Les Fortifications allemandes d'Alsace-Lorraine, 1870-1918*, Paris, Histoire & Collections, 2008.

GALL (Lothar), *Das Problem Elsass-Lothringen*, in *Das Deutche Kaiserreich*, Stuttggart, 1970, pp. 366-385.

HIERY (Hermann), *Reichstagswahlen im Reichsland*, Düsseldorf, Droste Verlag, 1985.

———, *Zwischen Scylla und Charybdis: Carl, Graf von Wedel als Statthalter in Reichsland Elsass-Lothringen (1907-1914)*, in *Zeitschrift für die Geschichte der Oberrheins*, 1986, pp. 299-325.

HOZÉ (Bertrand), *L'Alsace-Lorraine après l'Alsace-Lorraine, de 1918 à nos jours: histoire, mémoire et oubli*, in ROTH (François) (dir.), *Lorraine et Alsace*, Annales de l'Est, 2006, pp. 301-314.

NAGYOS (Christophe), *Guerres et paix en Alsace-Moselle: de l'annexion à la fin du nazisme, histoire de trois départements de l'Est, 1870-1945* (Mémorial de l'Alsace-Moselle), La Nuée Bleue, 2005, p. 64.

RIEDERER (Günter), *Feiern im Reichsland*, Trier, 2004, p. 529.

ROTH (François), *Das Reichsland Elsass-Lothringen: formation, histoire, interprétations et perceptions*, in *Le Problème de l'Alsace-Lorraine vu par les périodiques (1871-1918)*, études réunies par GRUNEWALD (Michel), Berne, Berlin, Peter Lang, 1998, pp. 11-36.

———, *Das Reichsland Elsass-Lothringen: formation, histoire et perceptions*, in *Lorraine, France, Allemagne*, Metz, Serpenoise, 2002.

WAHL (Alfred), *L'Option et l'émigration des Alsaciens-Lorrains, 1871-1872*, Ophrys, 1974.

WEHLER (Hans-Ulrich), *Elsass-Lothringen: das Reichsland als politisch-staastrechtliches Problem des zweiten deutschen Kaiserreichs*, in *Zeitschrift für die Geschichte des Oberrheins*, 1961, pp. 133-199.

Das Reichsland Elsass-Lothringen, 1871-1918, 3 vol., Frankfurt-am-Main, Selbtsverlag d. El. Lothr. Instituts, 1931-1938.

Organisation politique et administrative et législation de l'Alsace-Lorraine, Paris, état-major général (2ᵉ bureau), 1915-1918, 4 vol. (en abréviation OPAL).

二、阿爾薩斯歷史

BAECHLER (Christian), *Le Parti catholique alsacien, 1890-1939*,

Ophrys, 1982.

BISCHOFF (Georges) (dir.), *Le Mont Sainte-Odile, haut lieu de l'Alsace*, Musées de Strasbourg, 2002.

CORNELISSEN (Christoph), FISCH (Stefan) et MAAS (Annette), *Grenzstadt Strassburg*, Sankt-Ingbert, Röhrig Universitätsverlag, 1997.

Das Elsass von 1870-1932, Colmar, 1936-1938, 4 vol.

ECCARD (Frédéric), *L'Alsace sous la domination allemande*, Armand Colin, 1918.

FISCH (Stefan), *Das Elsass im deutschen Kaiserreich (1870-71-1918)*, in *Das Elsass: historische Landschaft im Wandel der Zeiten*, Stuttgart, 2002, pp. 123-146.

GROSSMANN (Robert), *Comtesse de Pourtalès, une cour française dans l'Allemagne impériale, 1836-1870-1914*, La Nuée Bleue, 2000.

HAU (Michel), *L'Industrialisation de l'Alsace (1803-1939)*, Presses universitaires de Strasbourg, 1987.

IGERSHEIM (François), *L'Alsace des notables, 1870-1914*, Bf éditions,1981.

LOTH (Gisèle), *Un rêve de France: Pierre Bûcher, une passion française au cœur de l'Alsace allemande*, La Nuée Bleue, 2000.

MAYEUR (Jean-Marie), *Autonomie et politique en Alsace: la constitution de 1911*, Armand Colin, 1970.

RIEDEL (Frieder), *Preussens erste Kolonie: die Geschichte des Elsass von 1870 bis 1918*, Frieder Riedel (Leinfelden-Echterdingen), 2001, p. 186.

VOGLER (Bernard), *Histoire politique de l'Alsace*, La Nuée Bleue, 1995.

WAHL (Alfred), *L'Alsace contemporaine, 1871-1939*, Mars & Mercure, 1977.

WERNER (Robert), *Strasbourg, l'esprit d'une ville*, La Nuée Bleue, 2004.

Nouveau Dictionnaire de Biographie alsacienne, Strasbourg, Fédération des Sociétés d'histoire d'archéologie d'Alsace, 1982-2007.

三、洛林／摩澤歷史

GABER (Stéphane), *La Lorraine fortifiée*, Serpenoise, 1994.

METZLER (Lionel), *La Politique de germanisation en Lorraine annexée, 1870-1914: culture et enjeux identitaires*, thèse soutenue devant l'université Paul-Verlaine, Metz, 2007 (travail non publié).

ROTH (François), *La Lorraine annexée, 1870-1918*, PUN, 1976; 2ᵉ édition, Serpenoise, 2007.

——, *Les Lorrains entre la France et l'Allemagne*, Serpenoise, 1981.

——, *Un notable lorrain de la Belle Époque, Alexis Weber (1862-1941)*, in *Annuaire de la Société d'histoire et d'archéologie de la Lorraine*, 1978.

——, *Le Souvenir français en Lorraine annexée*, in *Mémoires de l'Académie nationale de Metz*, 1975.

——, *Édouard Jaunez, le « grand-duc sans couronne de Lorraine »*, in *Les Lorrains entre la France et l'Allemagne*, Serpenoise, 1981.

四、阿爾薩斯－洛林地區及在法國的阿爾薩斯、洛林人，1871-1914

1. 文學作品中的阿爾薩斯－洛林地區

BARRÈS (Maurice), *Au service de l'Allemagne*, Fayard, 1905.

——, *Colette Baudoche, histoire d'une jeune fille de Metz*, Juven, 1909.

BAZIN (René), *Les Oberlé*, Calmann-Lévy, 1946.

DAUDET (Alphonse), *Contes du Lundi*, Lemerre, 1873.

DUCROCQ (Georges), *La Blessure mal fermée*, Plon, 1911.

ERCKMANN (Émile) et CHATRIAN (Alexandre), *Le Banni*, 1881.

2. 歷史文章及著作

ANGRAND (Sophie), DIOLOT (Emmanuel) et FABRE (Caroline), *Les Optants d'Alsace-Lorraine à l'étranger*, Mémoires & Documents, 2003.

BARBIER (Frédéric), *Distribution géographique des émigrés d'Alsace-Lorraine, 1870-1872*, Annales de l'Est, février 1979.

DEVAUX (Dominique), *Les Alsaciens-Lorrains dans la Marne après le traité de Francfort*, in *La Lorraine et la Champagne du Moyen Âge à nos jours*, Annales de l'Est, 2009, pp. 337-343.

LABRUDE (Pierre), *Les Alsaciens-Lorrains, étudiants en pharmacie à Nancy de 1872 à 1914*, Le Pays lorrain, 1995.

SICARD-LENATTIER (Hélène), *Les Alsaciens-Lorrains à Nancy, 1970-1914*, Gérard Louis, 2002, p. 463.

TOMASETTI (Philippe), *Auguste Spinner, un patriote alsacien au service de la France*, Éditions Place Stanislas, 2009.

TURETTI (Laurence), *Quand la France pleurait l'Alsace-Lorraine*, La Nuée Bleue, 2008.

Association générale..., rapport présenté aux sociétaires le 31 mars 1889, Berger-Levrault, 1889, p. 70.

五、第一次世界大戰，1914-1918

BAECHLER (Christian), *Les Alsaciens et le grand tournant de 1918*, Strasbourg, L'Ami hebdo, 2008.

BRONNER (Fritz), *1870-1871, Elsass-Lothringen: Zeitgenössische Stimmen für und wider die Eingliederung in das Deutsche Reich*, Frankfurt-am-Main, 1970, 2 vol.

FARCY (Jean-Claude), *Les Camps d'internement français*, Anthropos, 1999.

GRANDHOMME (Jean-Noël), *Les Alsaciens-Lorrains sur les fronts orientaux de 1914 à 1918: service, captivité, « triage » et rapa-*

triement, Revue alsacienne, 1999, pp. 197-198.

——, (dir.), *Boches ou tricolores* ? *Les Alsaciens-Lorrains dans la Grande Guerre*, La Nuée Blue, 2008, p. 464.

LAVISSE (Ernest) et PFISTER (Christian), *La Question d'Alsace-Lorraine*, Armand Colin, 1918, p. 30.

NACHTIGAL (Reinhard), *Loyalität gegenüber dem Staat oder zur « Mère-Patrie »? Die deutschen Kriegsgefangenen aus Elsass-Lothringen in Russland während des Ersten Weltkrieges*, in *Zeitschrift für die Geschichte des Oberrheins*, 2006, pp. 395-428.

PINOCHE (A.), *Le Séquestre et la liquidation des biens de sujets ennemis en France et en Allemagne*, thèse de droit, 1920.

RICHARD (Ronan), *Prisonniers de guerre et réfugiés civils dans l'ouest de la France durant la Première Guerre mondiale*, thèse soutenue devant l'université de Rennes 2, 2004.

RIEDER (Joëlle), *L'Alsace-Lorraine dans la propagande, 1914-1918*, mémoire, Fribourg, BNU Strasbourg, 1986.

ROTH (François), *Le Retour de l'Alsace-Lorraine*, in *Versailles 1919: Ziele, Wirkung und Wahrnehmung*, Köln, Hg. Gerd Krumeich, 2001.

——, *Le Retour des provinces perdues*, in BECKER (Jean-Jacques) (dir.), *Encyclopédie de la Grande Guerre*, Bayard, 2004.

SOUTOU (Georges), *La France et les marches de l'Est, 1914-1918*, Revue historique, 1978, pp. 341-388.

SPINDLER (Charles), *L'Alsace pendant la guerre*, Éditions Place Stanislas, 2006.

WELSCHINGER (Henri), *La Question d'Alsace-Lorraine*, conférence prononcée le 4 décembre 1918, Paris, 1919, p. 16.

Elsass-Lothringen Kriegsschiksal 1914-1918: den gefallenen Elsass-Lothringern, Berlin, Aus Elsass-Lothringen Heimatstimmen, 1934, p. 127.

六、1919-1945 年間

1. 回憶錄及親歷記述

ALAPETITE (Gabriel), *Les Souvenirs du commissariat d'Alsace-Lorraine du préfet Alapetite*, in *Annuaire de la Société des amis du vieux Strasbourg*, 1978-1979, pp. 102-120 et 83-101.

BOCKEL (Pierre), *Alsace et Lorraine, terres françaises*, Dernières Nouvelles d'Alsace, 1975.

BOPP (Marie-Joseph), *Ma ville à l'heure allemande*, La Nuée Bleue, 2004.

HUSSER (Philippe), *Journal d'un instituteur alsacien entre France et Allemagne, 1914-1951*, Hachette, 1989.

L'Introduction du droit civil français en Alsace et en Lorraine (1er janvier 1925), Strasbourg, 1925, p. 166.

MEISSNER (Otto), *Elsass, Lothringen, Deutsches Land*, Berlin, 1942.

Pays lorrain (Nancy), chroniques 1914-1918, 1921, 1922, 1926, 1928, 1929.

2. 1945 年後的文章和著作

BAECHLER (Christian), *L'Alsace-Lorraine dans les relations franco-allemandes de 1919 à 1933*, in *La France et l'Allemagne entre les deux guerres mondiales*, Nancy, PUN, 1987, pp. 69-109.

BANKWITZ (Philip), *Les Chefs autonomistes alsaciens, 1919-1947*, Strasbourg, Saisons d'Alsace, 1980.

DROCKENMULLER (Louis), HEIDEMANN (Maurice) et PRINTZ (Michel), *Retour à la France de la vallée de la Fensch, 1918-1998*, Éditions Fensch-Vallée, 1998, p. 155.

FISCH (Stefan), *Dimensionen einer historischen Systemtransformation: zur Verwaltung des Elsass nach seiner Rückkehr zu Frankreich (1918-1945)*, in *Staat und Verwaltung*, Berlin, Hg. Klaus Lüder, 1997, pp. 381-398.

FREUND (Wolfgang), *Das Wissenschaftliche Institut der Elsass-Lothringer im Reich an der Universität Frankfurt/M. (1920-1945)*, in *Deutsch-französische Kultur im 20. Jahrhundert: ein institutionengeschichtlicher Ansatz*, Oldenbourg, München, Hg. Ulrich Pfeil, 2007.

GAUDINET (Frédéric), *Thionville, le retour à la France, 1918-1924*, in *Documents thionvillois*, n° 16, ville de Thionville, 2009.

GRUNEWALD (Imre), *Die Elsass-Lothringer im Reich, 1918-1933*, Frankfurt, 1984.

Histoire du droit local, actes du colloque de Strasbourg du 19 octobre 1989, Strasbourg, 1990, p. 232.

HAWES (Douglas W.), *Oradour, le verdict final*, Le Seuil, 2009.

KETTENACHER (Lothar), *La Politique de nazification en Alsace*, Istra, 1978.

KOERNER (Francis), *La Transplantation des Alsaciens-Lorrains dans le Reich (1941-1945)*, in *Guerres mondiales et conflits contemporains*, 2007, pp. 52-69.

PHILIPPOT (Georges), *Gendarmerie et identité nationale en Alsace et en Lorraine*, thèse soutenue devant l'université Paul-Verlaine, Metz, 2008.

RICHEZ (Jean-Claude) et WAHL (Alfred), *La Vie quotidienne en Alsace entre la France et l'Allemagne, 1850-1950*, Strasbourg, 1993.

RIEDWEG (Eugène), *Les Malgré-Nous, histoire de l'incorporation de force des Alsaciens-Mosellans dans l'armée allemande*, Éditions du Rhin, 1995; 2ᵉ édition, La Nuée Bleue, 2008, p. 303.

ROTH (François), *Robert Schuman. Du Lorrain des frontières à l'homme d'État européen*, Fayard, 2008.

SCHAEFFER (Patrick), *L'Alsace et l'Allemagne de 1945 à 1949*, Centre de recherche de l'université de Metz, 1976.

SCHLICK (Jean) (dir.), *Églises et État en Alsace et en Moselle*, Strasbourg, Cerdic, 1979.

VOLFF (Jean), *La Législation des cultes protestants en Alsace et en Moselle*, Strasbourg, 1993, 362 pages.

WAHL (Alfred) (dir.), *Les Résistances des Alsaciens-Mosellans durant la Seconde Guerre mondiale, 1939-1945*, Pierron, 2007, p. 334.

WOLFANGER (Dieter), *Nazification de la Lorraine mosellane*, Pierron, 1982.

ZIND (Pierri), *Elsass-Lothringen, Alsace-Lorraine, une nation interdite, 1870-1940*, Copernic, 1979.

Mémoire de la Seconde Guerre mondiale, actes du colloque de Metz présentés par Alfred Wahl, Centre de recherche de l'université de Metz, 1984.

譯名對照表

Charles Andler 查爾斯・安德列
Charles Blondel 查爾斯・布朗岱
Charles de Gaulle 戴高樂
Charles de Wendel 查爾斯・溫德
Charles Diehl 查爾斯・迪爾
Charles Hueber 查爾斯・約伯
Charles Oberlin 查爾斯・歐柏林
Charles Risler 查爾斯・希斯勒
Charles Ruch 查爾斯・于許
Charles Samson 查爾斯・山嵩
Charles Spindler 查爾斯・史賓德勒
Château-Salins 薩蘭堡
Cherbourg 瑟堡
Chocolat Weiss 偉斯巧克力
Christian Baechler 克里斯蒂安・拜許
　勒
Christian d'Andlau 克里斯丁・安德勞
Christian Kiener 克里斯蒂安・基納
Christian Pfister 克里斯蒂安・費斯特
Cimetière d'Ixelles 以克塞爾墓園
Claudon 克洛東
Clermont-Ferrand 克雷蒙・費宏
Clichy 克利希
Clovis de Hohenlohe 克洛維・霍恩洛
　厄
Code Napoléon《拿破崙法典》
col de la Chapelotte 查貝洛特山口
Col de la Schlucht 溝谷嶺
Colette Baudoche《克蕾・柏杜栩》
colline de Sion 錫永丘
Colmar 科瑪
Comité exécutif de la libre république
　d'Alsace-Lorraine 阿爾薩斯－洛林
　地區自由共和執行委員會
confession d'Augsbourg 奧古斯堡教派
Conflans-Jarny 孔夫朗－雅尼

Conseil de l'Europe 歐洲理事會
Contes du lundi《星期一故事集》
Courcelles-Chaussy 庫澀－首西
crise tchécoslovaque 捷克危機
culture jacobine 雅各賓文化

D

d'Haussonville 奧松維伯爵
Dachau 達豪
Daniel Blumenthal 丹尼爾・布呂蒙達
Daniel Grimm 丹尼爾・吉姆
Das innere Leben, La Vie intérieure
　《內在生命》（期刊）
Daum 多恩家族
de Dietrich 帝璽
Debout Lorrains!〈站起來，洛林！〉
　（歌曲）
Delme 德姆
Der Deutsche Krieg 普奧戰爭
Deutsch-Avricourt 德意志－阿夫里庫
　爾
deutsche Stammesgemeinschaft 德意志
　共同體
Die Freie Presse《自由報》
Die Heimat《家園》（雜誌）
die Heimatbewegung 保護家園
Die Katrin wird Soldat《凱瑟琳成為了
　士兵》（小說）
Die Zukunft, Le Futur《未來報》
Dieuze 迪厄茲
Digoin 迪關
Dijon 第戎
Directoire 督政府
division Das Reich 帝國師
division Leclerc〈勒克萊克裝甲師〉
　（歌曲）

Fould 富爾德家族
Franche-Comté 方許－康提
François de Bulach 弗朗索瓦‧布拉赫
François de Wendel 弗朗索瓦‧溫德
François Laurent 弗朗索瓦‧羅宏
François Legras 弗朗索瓦‧勒格拉斯
François Reimeringer 弗朗索瓦‧海馬亨涅
François Zimmer 弗朗索瓦‧齊默
François Zorn de Bulach 弗朗索瓦‧佐恩‧布拉赫
Frank Ténot 法蘭克‧泰諾
Franz Dahlem 法朗茲‧達蘭
Franzosentum 法蘭西歸屬感
Frédéric Auguste Bartholdi 弗雷德里克‧奧古斯特‧巴托第
Frédéric Barberousse 腓特烈一世
Frédéric Barbier 菲德希克‧巴比耶
Frédéric Eccard 菲德希克‧艾卡
Frédéric II 腓特烈二世
Frédéric-Charles de Prusse 菲德希克－查爾斯
Fribourg 弗萊堡
Friedrich von Bismarck-Bohlen 弗里德里希‧馮‧俾斯麥－博倫
Friedrich von Kühlwetter 弗里德里希‧馮‧庫爾韋特
Fritz Bronner 弗希茲‧彭內
Fruhinsholz 弗興休爾茲家族
Führer 元首

G

Gabriel Hocquard 笳比耶‧賀卡
Gabriel Pierné 笳比耶‧皮耶涅
Gau Oberrhein 上萊茵大區

Gau Westmark 西部大區
Gaule 高盧
Gauleiter（納粹黨）大區長官
Gaulois 高盧人
Gênes 熱那亞
Georg Wolfram 基爾格‧沃夫朗
Georges Clemenceau 喬治‧克里蒙梭
Georges de Lardemelle 喬治‧拉德莫爾
Georges Ducrocq 喬治‧杜夸克
Georges Ernest Boulanger 布朗熱
Georges Maringer 喬治‧馬希內
Georges Pompidou 喬治‧龐畢度
Georges Weill 喬治‧威爾
Georges Wodli 喬治‧伍德立
Georges-Émile Weiss 喬治－埃米爾‧偉斯
Gerbéviller 捷別維爾
Germain 日耳門
Germania《日耳曼尼亞》（日報）
Germanie 日耳曼尼亞
Gestapo（全名為 Geheime Staatspolizei）蓋世太保
Gil Blas 吉爾‧布拉斯
Gilles Grivel 吉爾‧葛維
Gottlieb von Haeseler 戈特利布‧馮‧海斯勒
Grand Orient de France 法國大東方社
Grand-Couronné 大古龍尼
Grenoble 格諾布勒
Gros 高斯家族
Groupe lorraine 洛林集團
Guebwiller 蓋布維萊
Guerber 戈貝
Guillaume Schnaebelé 居庸‧史耐貝雷
Günter von Forstner 甘特‧馮‧弗斯

芬什塔登
Issac Lévy　以薩克・雷威
Issoire　伊斯瓦爾

J

Jacques Fonlupt-Espéraber　賈克・方呂
　普特－艾斯佩哈伯
Jacques Gruber　賈克・居伯
Jacques Kablé　賈克・卡布雷
Jacques Peirotes　賈克・佩侯特
Jacques Preiss　賈克・普雷斯
Jaeger　加蓋
Jean Burger　讓・勃格
Jean Hauss　讓・豪斯
Jean Jaurès　讓・茹海斯
Jean Lechner　讓・列區涅
Jean Macé　讓・馬賽
Jean Schlumberger　讓・斯倫貝謝
Jean Taittinger　讓・泰廷爵
Jean-Baptiste Pelt　讓－巴蒂斯特・佩
　德
Jean-Julien Weber　讓－朱利安・韋伯
Jean-Louis Debré　讓－路易・德布雷
Jean-Noël Grandhomme　讓－諾維・鞏
　多姆
Jean-Pierre Jean　讓－皮耶・讓
Jean-Pierre Masseret　讓－皮耶・馬瑟
　黑
Jean-Pierre Mourer　讓－皮耶・慕黑
Jean-Pierre Raffarin　讓－皮耶・哈發
　漢
Jean-Richard Bloch　讓－理查德・布洛
　許
Jena-Julien Barbé　讓－朱利安・巴貝
Jœuf　日夫
Johann Wolfgang von Goethe　約翰・沃

夫岡・馮・歌德
Josef Bürckel　約瑟夫・布凱爾
Josef Joos　約瑟夫・喬斯
Joseph Caillaux　約瑟夫・卡約
Joseph Fleurent　約瑟夫・富勒宏
Joseph Joffre　約瑟夫・霞飛
Joseph Meister　約瑟夫・梅斯特
Joseph Rossé　約瑟夫・侯賽
Joseph Sansbœuf　約瑟夫・桑斯伯夫
Journal du Cologne（德文為 Kölnische
　Zeitung）《科隆報》
Juilliard　朱利亞德
Jules Cambon　朱爾・康彭
Jules Favre　朱爾・法夫
Jules Ferry　朱爾・費希
Jules Grévy　朱爾・格維
Jules Grosjean　朱爾斯・格羅斯讓
Jules Jeanneney　朱爾・莊納內
Jules Siegfried　朱爾・齊格弗里德
Jules-Dominique Antoine　朱爾－多米
　尼克・安東
Julien Scharff　朱利安・夏夫
Julien Volden　朱利安・沃登
Julliot de La Morandière　朱利略・莫宏
　迪耶

K

Kaiser-Wilhelm Universität　威廉皇帝
　大學
Karl Herzo　卡爾・赫佐格
Karl Kautsky　卡爾・考茨基
Karl Ross　卡爾・豪斯
Karl-August Zahn　卡爾－奧古斯特・
　贊恩
Katholikentage　天主教日
katholische arbeitervereine　天主教工人

Laurence Turetti 洛宏斯・杜禾提
Laurent Villate 洛宏・威亞德
Lazare Weiller 拉匝・偉勒
le bassin de Saint-Étienne 聖－艾蒂安
　谷地
le Bloc national 民族聯合集團
le canton de Toul-Nord 北圖爾
Le Conscrit de 1813《1813 年的新兵的
　故事》（小說）
Le Correspondant《通訊》
Le Courrier《信使報》
le gave 波河
Le grand cimetière du Pétant 貝坦大墓
　園
le grand séminaire de Viviers 維維爾大
　修院
le gros Max 大馬克斯（火炮）
Le Guide Vert 米其林綠色指南
Le Journal des débats《議題日報》
Le Livre de chant évangélique pour
　l'Alsace-Lorraine（德文為 *Das*
　Evangelisches Gesangbuch für Elsass-
　Lothringen）《阿爾薩斯和洛林人的
　福音詩歌本》
Le Lorrain《洛林報》
Le Mans 利曼
Le Matin《晨報》
Le Messager d'Alsace-Lorraine《阿爾
　薩斯－洛林信使》
Le Messin《梅斯人報》
le monument de Noisseville 努瓦瑟維
　爾紀念碑
le pays de Bitche 比奇自然區
le plan Schlieffen 史里芬計畫
le Souvenir français 法國永誌不忘協會
Le Temps《時代》

Le Tour de France par deux enfants
　《兩小遊法國》
l'Éclair de l'Est《東方之光》
Lederlin 雷德林家族
Legras 勒格拉斯
Leipzig 萊比錫
Leo von Caprivi 里奧・馮・卡普里維
Léon Gambetta 里昂・甘必大
Léon Mirman 里昂・米赫曼
Léonard Lipp 里歐那・力普
Leopold von Hoesch 雷歐伯・馮・霍
　許
Les Alleux 雷薩勒
Les Amis du vieux Plappeville《舊普拉
　柏市之友》協會通訊
les Anciens élèves du lycée de
　Strasbourg 史特拉斯堡中學校友會
Les Dernières Nouvelles d'Alsace
　（簡稱DNA）《阿爾薩斯最新消息》
les manuels de Charlot 夏洛讀物
Les Marches de l'Est《東部進展》
Les Oberlé《奧伯勒家》（小說）
les Patriotes de la Moselle 摩澤愛國者
　協會
l'Est Républicain《共和東部報》
l'Étoile《星辰報》
l'Étoile de l'Est《東之星》
Levallois-Perret 勒瓦盧瓦－佩雷
ligne Maginot 馬奇諾防線
Ligue de l'enseignement 教育聯合會
Ligue des patriotes 愛國者聯合會
Ligue des proscrits d'Alsace 阿爾薩斯
　流放者聯盟
Linge 凌日
Lionel Metzler 里歐尼・梅茲勒
Longwy 隆維

歷史大講堂

法蘭西失落的國土

阿爾薩斯-洛林的流轉歷史，1870年至今日

2023年11月初版　　　　　　　　　　　　　　定價：新臺幣370元
有著作權‧翻印必究
Printed in Taiwan.

著　　者	François Roth	
譯　　者	何　啟　仁	
審 訂 者	林　薇　心	
叢書主編	王　盈　婷	
校　　對	蘇　淑　君	
	馬　文　穎	
內文排版	張　靜　怡	
封面設計	張　　巖	

出　版　者	聯經出版事業股份有限公司	副總編輯	陳　逸　華
地　　　址	新北市汐止區大同路一段369號1樓	總 編 輯	涂　豐　恩
叢書主編電話	(02)86925588轉5316	總 經 理	陳　芝　宇
台北聯經書房	台北市新生南路三段94號	社　　長	羅　國　俊
電　　　話	(02)23620308	發 行 人	林　載　爵
郵 政 劃 撥 帳 戶 第 0 1 0 0 5 5 9 - 3 號			
郵 撥 電 話 (02)23620308			
印　刷　者	文聯彩色製版印刷有限公司		
總　經　銷	聯合發行股份有限公司		
發　行　所	新北市新店區寶橋路235巷6弄6號2樓		
電　　　話	(02)29178022		

行政院新聞局出版事業登記證局版臺業字第0130號

本書如有缺頁，破損，倒裝請寄回台北聯經書房更換。　　ISBN　978-957-08-7087-9 (平裝)
聯經網址：www.linkingbooks.com.tw
電子信箱：linking@udngroup.com

© Éditions Tallandier, 2016 et 2019
This edition is published by arrangement with Éditions Tallandier in conjunction with its duly
appointed agents Books And More Agency #BAM, Paris, France and The Grayhawk Agency,
Taipei, Taiwan. All rights reserved.

國家圖書館出版品預行編目資料

法蘭西失落的國土：阿爾薩斯-洛林的流轉歷史，1870年
至今日/François Roth著．何啟仁譯．初版．新北市．聯經．2023年11月．
280面．14.8×21公分（歷史大講堂）
譯自：Alsace Lorraine: Histoire d'un《pays perdu》de 1870 à nos jours
ISBN　978-957-08-7087-9（平裝）

1.CST：法國史

742.25　　　　　　　　　　　　　　　　　　112013093